SEJA AUTÊNTICO

MIKE ROBBINS

SEJA AUTÊNTICO

Tradução
Renato Motta

BestSeller

CIP-BRASIL. CATALOGAÇÃO-NA-FONTE
SINDICATO NACIONAL DOS EDITORES DE LIVROS, RJ.

Robbins, Mike, 1974-
R545s Seja autêntico / Mike Robbins; tradução: Renato Motta.
– Rio de Janeiro: BestSeller, 2011.

Tradução de: Be yourself, everyone else is already taken
ISBN 978-85-7684-395-5

1. Autoaceitação. 2. Autoestima. 3. Autorrealização. 4. Honestidade. I. Título.

11-4819 CDD: 158.1
CDU: 159-947

Texto revisado segundo o novo Acordo Ortográfico da Língua Portuguesa.

Título original norte-americano
BE YOURSELF, EVERYONE ELSE IS ALREADY TAKEN:
TRANSFORM YOUR LIFE WITH THE POWER OF AUTHENTICITY

Publicado mediante acordo com John Wiley & Sons International Rights, Inc
111 River Street, Hoboken, NJ 07030 USA

Capa: Igor Campos
Editoração eletrônica: Abreu's System

Direitos exclusivos de publicação em
língua portuguesa para o Brasil adquiridos pela
EDITORA BEST SELLER LTDA.
Rua Argentina, 171, parte, São Cristóvão
Rio de Janeiro, RJ – 20921-380

Impresso no Brasil

ISBN 978-85-7684-395-5

Sumário

Parte III

Para minhas maravilhosas e fantásticas garotas,
Samantha e Annarose. Obrigado a ambas por serem
exatamente o que são, por me ensinarem tanto e por
me lembrarem das coisas que são realmente importantes na vida.
Amo vocês duas e sou muito grato por ser seu pai!

Agradecimentos

Meu coração fica cheio de gratidão, amor e apreciação sempre que eu reflito sobre todas as pessoas maravilhosas que me apoiaram na criação deste livro, participaram da minha vida e me ajudaram no meu trabalho.

Primeiro e acima de tudo, Michelle Benoit Robbins, obrigado por ser uma mulher tão surpreendente, uma esposa fantástica e uma mãe fabulosa. Sou muito grato por ter me casado com você, e aprecio profundamente a forma como você me ama, cuida de mim, das nossas meninas e da nossa família, bem como o jeito que você surgiu em minha vida. Obrigado por me incentivar a escrever este livro enquanto estava grávida e corria atrás de um bebê que começava a dar seus primeiros passos – você é incrível! Samantha Benoit Robbins, obrigado por ser a minha garota levada e especial, e também pela maneira como você se expressa de forma tão passional. Você nos ensina muitas coisas, e eu a amo muito. Annarose Benoit Robbins, obrigado por chegar a este mundo trazendo o seu maravilhoso espírito de paz para nossa família. Você teve muita influência neste livro desde que estava na barriga da sua mãe, e estamos muito gratos por sermos seus pais.

Richard Carlson, eu sinto muito a sua falta, meu irmão, mas sinto sua presença amorosa ao meu redor o tempo todo. Continuo a ser grato pelas muitas formas pelas quais você foi e continua sendo meu instrutor e mentor. Kris Carlson, obrigado pelo seu surpreendente apoio a mim, à minha família e ao meu trabalho. Sua generosidade é incrível e agradeço muito por tudo que você fez por mim enquanto eu escrevia este livro.

Chris Andersonn, obrigado por tudo que você fez e continua fazendo para me ajudar a me manter em contato com quem realmente sou. Rich Fettke, sua generosidade e aconselhamento me permitiram tomar o caminho de ser escritor, e eu lhe sou eternamente grato por isso e por muitas outras coisas. Rich e Yvonne Dutra-St. John, vocês me inspiram pela forma como levam as suas vidas, realizam o seu trabalho e se amam com tanta paixão e autenticidade.

Lois Robbins (mamãe), obrigado pelo entusiasmo, por sempre me incentivar a correr atrás dos meus sonhos e por sua dedicação a mim e à nossa família. Ed Robbins (papai), obrigado por me ensinar como me expressar com paixão e coração, e por me lembrar que as pessoas são sempre mais importantes que as coisas. Lori Robbins, estou grato por ser seu irmão e agradeço seu amor e apoio. Rachel Cohen, obrigado por ser você, por me ensinar tanto e por estar sempre disposta a me dizer a verdade.

Susan Miller, você é uma grande assistente e uma amiga maravilhosa. Obrigado por cuidar tão bem de mim e dar apoio a toda a nossa família. Tyson Wooters, é um presente maravilhoso ter você na vida e nos negócios. Obrigado por tudo que você fez para apoiar a mim e ao meu trabalho. Linda Chester, agradeço por ter você como agente; você ajudou a tornar real o meu sonho de me tornar escritor. Alan Rinzler, obrigado por seu trabalho de edição, por ser quem é e por me ensinar tanto sobre a arte de escrever. Jennifer Wenzel, sou grato por trabalhar com você e por tê-la como amiga. Obrigado por sua contribuição para este livro e por seu dedicado apoio.

Steve Farrell, obrigado por sua contribuição para este livro e por todas as maneiras pelas quais você contribuiu para a minha vida durante tantos anos. Sou grato por nossa ligação e por todas as formas pelas quais você me inspirou a dar "um passo à frente" e ser eu mesmo. Theo Androus, sua amizade e seu apoio continuam a abençoar a minha vida. Obrigado por me desafiar, por me ensinar e por ser o homem incrível que é. Jess Bart-Williams, adoro seu jeito verdadeiro de ser e agradeço seu *feedback* honesto, seu apoio e sua amizade. Arthur Bart-Williams, obrigado por ser quem você é e também pelo apoio a mim e à nossa família. John Brautovich, sou grato pela nossa amizade e pela forma amorosa como você surgiu em minha vida.

Jerry Benoit e Chris Seger, sou grato por ter vocês como sogro e sogra, e agradeço o apoio generoso. Georgie Weston, Rosa Ibarro, Kerry McIlvenna-Davis, Pam Quinn, Galaxy Hasley e Amy Brain, obrigado por cuidarem das minhas meninas e darem apoio a toda a nossa família enquanto eu estava escrevendo este livro e durante minhas viagens a trabalho. Sou muito grato a cada um de vocês.

Johnny e Lara Fernandez, agradeço quem vocês são, a forma como vivem suas vidas e a maneira como apoiam a mim, ao meu trabalho e à nossa família. Sean Flikke, você é único, meu amigo, e agradeço muito pelo seu amor, pelo seu apoio e por sua amizade. Asa Siegel, eu amo você, irmão, e sou grato pela longevidade, profundidade e mútuo apoio da nossa amizade. Susan Ariel Rainbow Kennedy, obrigado por sua amizade e inspiração. Fred Luskin, agradeço muitíssimo o seu apoio, sua orientação e aconselhamento.

Clint Greenleef, Terces Englehart, David Ferrera e Holly Stiel, obrigado pelas suas contribuições para este livro, pela honestidade e apoio a mim e ao meu trabalho. Sinto-me honrado por ter vocês como amigos.

Debra Hunter, Paul Foster, Nana Twumasi, Mike Onorato, Tolu Babalola, Adam Levison, Libby Powell, Carrie Wright, Carol Hartland, Erin Beam, Joanne Farness, Sophia Ho, Keira Kordowski, Susan Geraghty, Dave Horne e a todo mundo na Jossey-Bass & Wiley que se envolveu com este livro e trabalhou comigo, obrigado pelo trabalho árduo de vocês, pelo compromisso e apoio. É uma honra fazer parte dessa equipe.

Para todas as pessoas que eu não mencionei especificamente – amigos, familiares, clientes, colegas, instrutores, mentores, palestrantes, professores, equipes, organizações e outros que me ofereceram apoio quando eu estava escrevendo este livro, bem como ao longo de todo o meu caminho, na vida e no trabalho – obrigado por me incentivarem, por me desafiarem, por me ensinarem, por estarem sempre à minha disposição, e por me ajudarem a trazer à tona o melhor de mim.

Finalmente, como forma de colocar em prática o que prego, por ser vulnerável e por me celebrar, agradeço a mim mesmo. Por ter a coragem de escrever este livro; por equilibrar tudo em minha vida e conseguir que isso acontecesse; pelo compromisso e dedicação ao meu próprio crescimento e à vontade de ser verdadeiro. Pela minha vulnerabilidade, pelo meu coração e pela minha paixão, eu aprecio e agradeço a mim mesmo!

Introdução

Vivemos em uma cultura que busca desesperadamente a autenticidade. Queremos que nossos líderes, nossos colegas de trabalho, os membros da nossa família, nossos amigos e todos com quem interagimos nos digam a verdade e sejam eles mesmos. Mais importante que isso, queremos ter a liberdade pessoal e a confiança de dizer, fazer e ser quem realmente somos, sem nos preocuparmos tanto em como parecemos aos outros e o que eles pensarão ou dirão de nós.

O triste, no entanto, é que embora digamos que queremos viver de modo coerente com nossas mais profundas paixões, crenças e desejos, a maioria de nós não faz isso. Nossos pais, professores, cônjuges, amigos, colegas, políticos e a mídia, entre outros, nos ensinaram que é mais importante sermos bem-vistos e nos adaptarmos do que sermos quem realmente somos. Além disso, muitos de nós assumimos que a pessoa que somos não é boa o bastante e, desse modo, estamos constantemente tentando nos consertar ou agir da mesma maneira que os outros, que julgamos melhores do que nós.

Entretanto, a mensagem deste livro é, conforme Oscar Wilde, o famoso autor e poeta do século XIX, brilhantemente dizia: "Seja autêntico. Outras personalidades já têm dono."

Nossa resistência à autenticidade

Quantas vezes você não faz ou diz o que realmente pensa por estar preocupado com o que os outros poderão pensar? Para a maioria de nós, inclusive eu, isso acontece muitas vezes, todos os dias. Não é que pretendamos mentir ou enganar as pessoas de forma maliciosa e evidente (embora, às vezes, façamos isso), mas isso se deve, em grande parte, ao fato de termos sido treinados para dizer e fazer o que achamos que os outros desejam que façamos, ou o que achamos ser mais "apropriado" em uma determinada situação. Basicamente, nossa crença é que não podemos ser *verdadeiramente* nós mesmos e ainda assim vencer na vida.

Em termos de autenticidade, o que ocorre na maioria dos casos com as pessoas que conheço ou com as quais trabalho, e até comigo mesmo, é que nos sentimos apavorados. Não queremos enfrentar as consequências da autenticidade – os julgamentos e reações das pessoas, nossos medos e dúvidas, nossos possíveis fracassos, rejeições e outras coisas – e, por causa disso, simplesmente calamos a boca e tentamos aceitar. Além disso, ser fiel a nós mesmos requer coragem, compromisso e percepção. Muitas vezes não estamos dispostos a fazer o que é preciso para viver nossa vida, nosso trabalho, nos comunicarmos com os outros, criar relacionamentos e olhar para dentro de nós mesmos com um sentido de autenticidade e verdade. E, mesmo quando o fazemos, essa pode ser uma experiência assustadora que nos traz vulnerabilidade. Não sabemos se, no fim das contas, fizemos mais mal do que bem para nós mesmos e para os outros.

Ao viajar pelo mundo afora e ter contato com grupos de todo tipo em empresas, organizações sem fins lucrativos, agências do governo, universidades, igrejas, escolas, seminários públicos, livrarias e em toda a parte, o desafio e o desejo de ser autêntico ecoa de um jeito marcante nas pessoas com quem converso. A maioria dos clientes com os quais trabalhei como instrutor pessoal ao longo dos anos também havia lutado com o desejo de vivenciar um sentido de autenticidade em suas vidas. Este é o paradoxo da autenticidade: nós a buscamos e a tememos ao mesmo tempo.

Como este livro funciona

Seja autêntico – outras personalidades já têm dono é um livro que mostra como superar os medos e as limitações que o impedem de levar uma vida plena e fiel a ela mesma, e ensina como trazer mais autenticidade para a sua vida. Este livro mostra como reparar e assumir responsabilidade junto às forças sociais, às pessoas à sua volta que possam impedi-lo de ser autêntico e, o mais importante, como vencer o que o impede de ser mais verdadeiro na vida em relação a si mesmo e com os outros.

As ideias, princípios, exercícios e práticas explicados neste livro são técnicas específicas que lhe permitirão:

- Enfrentar e transformar seu medo.
- Expressar-se de forma completa e com confiança.
- Lidar com conflitos de forma direta e resolvê-los de modo eficiente.

- Assumir riscos e correr atrás do que você deseja.
- Analisar as coisas em perspectiva e se divertir mais.
- Confiar, perdoar e celebrar você mesmo.
- Obter mais liberdade, mais paz e confiança nos seus relacionamentos, no seu trabalho e na sua vida.

A autenticidade é um processo. Ela é algo que continua a evoluir ao longo de toda a nossa vida. Não podemos nos tornar "autênticos" do mesmo modo que conseguimos um diploma ou alcançamos um objetivo financeiro. A autenticidade, do mesmo modo que o amor, a saúde, a coragem, a percepção, a paciência e outros elementos, é um ideal a que aspiramos, algo que devemos praticar a cada minuto, ao longo das experiências diárias em nossa vida. A capacidade de sermos verdadeiros deve e vai se aprofundar à medida que efetuamos nossa jornada pela vida, se tivermos consciência disso. Tornarmo-nos cada vez mais quem realmente somos é um processo que nunca termina. Como diz o ditado, "Não há caminho para a paz, a paz é o caminho". O mesmo pode ser dito sobre a autenticidade.

Nenhum livro, nenhuma palestra, instrutor, nem nada desse tipo poderá tornar você mais "autêntico" de um jeito fácil e rápido. A autenticidade deverá vir do seu interior. Este livro, no entanto, o ajudará a enfrentar alguns dos seus desafios pessoais quanto a ser honesto e genuíno, e vai lhe apresentar muitos princípios poderosos que, ao serem integrados à sua vida de forma regular, poderão lhe dar acesso aos locais mais profundos da verdade que existe dentro de você. Este livro poderá ser o catalisador para você ser "você mesmo" de um jeito real, o que lhe trará a paz duradoura, a liberdade, o poder, a liberação, a alegria, a profundidade e a realização pessoal que acompanham a autenticidade.

Compreendendo a autenticidade

A autenticidade muitas vezes é mal compreendida ou mal interpretada. Apesar de quase todos entendermos o que significa, por alto, o que é ser "real", existe uma percepção muito mais profunda que devemos usar para nós mesmos e para a vida, se quisermos ser autênticos no nosso trabalho, nos nossos relacionamentos e na forma como vivemos.

Aqui estão algumas razões específicas que explicam o porquê de a autenticidade ser tão incompreendida.

- Em primeiro lugar, ela é um atributo único, pessoal para cada um de nós, o que torna difícil defini-la de forma universal.
- Em segundo lugar, o significado de "autenticidade" se modifica ao longo das nossas vidas, à medida que crescemos e evoluímos.
- Em terceiro lugar, devido à natureza complexa da autenticidade verdadeira, muitos de nós não estamos dispostos a dar uma olhada honesta para dentro de nós mesmos, nem de expressar nossa verdade, nem de viver nossas vidas de uma forma que seja genuína. Essa resistência é baseada em vários fatores pessoais – medo de constrangimentos, programação familiar e expectativas da sociedade, entre outros.

O que não é autenticidade

Existe um grande número de conceitos errôneos sobre o que significa realmente ser autêntico. Esses conceitos equivocados acrescentam novas camadas à confusão que fazemos com relação à autenticidade e também tornam muito mais difícil levarmos vidas autênticas. Muitos de nós pensamos que para ser autêntico...

- É necessário saber exatamente o que queremos da vida, para onde estamos indo e o que é importante para nós em todos os momentos.
- É preciso falar tudo na cara das pessoas, dizer-lhes como nos sentimos e o que pensamos, e despejar sobre eles tudo o que nos passa pela cabeça, não importam as condições.
- É necessário ser único e criativo.
- Temos de possuir algum tipo de talento ou habilidade especial.
- Devemos ser corajosos, sem preocupações sobre o que os outros pensam de nós.
- Devemos ser apaixonados e sempre correr riscos.
- Devemos ser "lobos solitários", pessoas que "marcham ao ritmo do próprio tambor".
- Precisamos ser "frios".
- Devemos ter superado muitos obstáculos dramáticos na vida, com os quais lidamos até superá-los.

Alguns aspectos dessa lista podem, de fato, ser aspectos da autenticidade e também podem ser importantes para a nossa jornada rumo à realidade mais profunda. Muitas vezes, porém, ao tentarmos colocar esses mitos em ação, isso ocorre sob a forma de posturas baseadas em ego ou em comportamentos superficiais que não correspondem à autenticidade verdadeira. Sempre que pensamos que *temos* de fazer algo ou nos comportar de algum jeito em particular, provavelmente não estamos sendo autênticos. Embora não exista nada de errado com qualquer coisa dessa lista, a autenticidade é muito mais profunda que isso.

O que é autenticidade

Se você for procurar o significado da palavra *autenticidade* no dicionário, a descrição será: "A qualidade de ser autêntico e genuíno." Ao olhar a palavra *autêntico*, porém, há muitas variações:

- Não ser falso, nem copiado; genuíno; real. Ex.: *Uma antiguidade autêntica.*
- Ter sua origem comprovada por evidências inquestionáveis, autenticadas e verificadas. Ex.: *Um autêntico documento da Idade Média; uma obra autêntica do velho mestre.*
- Merecedor de aceitação ou crença por estar de acordo com fatos ou experiências conhecidas, seguras e confiáveis. Ex.: *Um relatório autêntico sobre a pobreza na África.*
- De acordo com a Lei. Executado segundo as formalidades devidas. Ex.: *Um documento autêntico.*

Apesar de todas essas definições fazerem sentido e essencialmente reforçarem nossa compreensão geral de que autenticidade significa "realidade" ou "sinceridade", para os objetivos deste livro e para a nossa investigação sobre o que a autenticidade é de verdade e como ela afeta nosso trabalho, nossos relacionamentos e nossas jornadas pessoais pela vida, acho que é importante ir mais fundo nessa questão.

Basicamente, a autenticidade tem a ver com você ser *você* – por completo. Trata-se de ser você mesmo, entendendo, possuindo, reconhecendo, apreciando e expressando tudo o que você é – tanto a luz quanto a escuridão. Ser autêntico é um dos mais desafiadores e importantes aspectos do nosso crescimento como seres humanos. Envolve ser totalmente honesto a respeito de nós mesmos e dos outros. Quando somos autênticos, somos também vulneráveis, atentos, abertos, curiosos e honestos acima de tudo. Temos contato com nossos pensamentos e sentimentos, dúvidas e medos, sonhos e paixões, entre muitas outras coisas. Se somos autênticos, somos também capazes de confessar abertamente quando estamos sendo falsos. Por experiência própria, tudo isso é muito mais fácil de dizer do que de fazer. Uma coisa é ensinar as pessoas a respeito de autenticidade, outra coisa, completamente diferente, é ser autêntico na vida, no trabalho e nos relacionamentos.

Embora existam muitas coisas autênticas que possamos fazer e dizer, e embora muito do que discutiremos ao longo deste livro esteja focado na ação, a verdadeira autenticidade tem a ver tanto com o "ser" quanto com o "fazer". Quando *somos* autênticos, as palavras que dizemos, as escolhas que fazemos e as atitudes que tomamos estarão, provavelmente, mais facilmente alinhadas e coerentes com nossos *eus* verdadeiros.

Ter autenticidade pessoal não se trata de provar nada a ninguém; trata-se de *sermos* nós mesmos, do fundo da alma. O que é verdadeiro para nós é o que é real. Quando sabemos e sentimos isso, não precisamos nos defender de nada – simplesmente devemos assumir e, em último caso, viver.

Os benefícios de ser autêntico

Quando falamos a verdade e levamos a vida de um modo autêntico, os benefícios são profundos. A autenticidade permite que nos desvencilhemos de muita dor e sofrimento, o que nos deixa livres para dizer, fazer, ser, vivenciar e buscar as coisas que realmente queremos na vida. Alguns dos muitos benefícios de ser autêntico são:

- Confiança em nós mesmos e determinação para buscar nossas paixões.
- Liberdade das coisas que nos amarram – preocupações, desculpas, opiniões dos outros, manipulação e fuga, entre outras.
- Melhora na saúde, diminuição de estresse e aumento de energia.
- Conexão amplificada com os outros e com nós mesmos.
- Paz de espírito.
- Autoaceitação, autoapreciação e amor próprio.
- Diversão.

Existem muitas outras coisas maravilhosas que se tornam possíveis quando temos coragem de contar a verdade, quando somos verdadeiros com nós mesmos e quando vivemos com verdadeira autenticidade.

Minha jornada pessoal rumo à autenticidade

Como a maioria das pessoas, luto com meu próprio senso de autenticidade e sempre questiono quem sou, quem pareço ser na vida e também as coisas que digo e faço. Afirmo isso com um profundo senso de compaixão, verdade e reconhecimento por mim mesmo e por todos nós, seres humanos. Sejamos sinceros: a maioria de nós fala besteira na maior parte do tempo. Essa é minha opinião e, à medida que me relaciono com outros, muitos deles admitem esse fato para si mesmos e o reverberam de um jeito profundo.

Como vocês sabem, não ser autêntico pode provocar (e realmente provoca) muita dor em nossas vidas e nas vidas das pessoas à nossa volta. O pior, porém, conforme aprendi por experiências pessoais, é que, quando não somos autênticos, nem mesmo percebemos isso.

Passei a maior parte da minha vida fazendo tudo o que podia para parecer bom, ser uma pessoa querida e agir de forma correta – tudo em uma tentativa de impressionar os outros, fazer com que eles me aprovassem e ouvi-los dizer coisas boas para mim ou a meu respeito para as outras pessoas. Muito da minha busca pelo sucesso na escola, nos esportes e nos negócios tinha a ver com provar que eu era uma boa pessoa, um sujeito merecedor da atenção e da admiração de todos à minha volta. Conforme aprendi, esse processo de agradar as pessoas é movido unicamente pelo ego. Isso não é apenas insaciável como também nocivo a nós e a todos os que estão ao nosso redor.

Ao mesmo tempo, sempre tive uma fascinação nata pelo que é verdadeiro para mim, para os outros e de forma geral. Em outras palavras, sempre fui um apaixonado pela autenticidade durante toda a minha vida. Sempre tive um bom "desconfiômetro", confiei nele e busquei pessoas e situações que me parecessem genuínas.

O que o fracasso fez por mim

Passei a maior parte da minha infância ligado em esportes, especialmente beisebol. Adorava jogar beisebol e era bom nisso. Joguei durante todo o tempo em que estive na escola e fui convocado pelos New York Yankees ao sair do ensino médio, mas preferi não assinar contrato com eles. Em vez disso, fui jogar beisebol pela Universidade de Stanford. Depois do meu primeiro ano em Stanford, fui convocado novamente, dessa vez pelo Kansas City Royals, e assinei meu primeiro contrato como jogador profissional. Na terceira temporada nos Royals, aos 23 anos e ainda na segunda divisão da liga de beisebol, minha carreira se encerrou abruptamente quando eu estirei os ligamentos do cotovelo esquerdo, o que acabou com o meu braço de arremessador. Conforme descrevi no meu primeiro livro, *Bom para você*, embora a lesão que colocou um ponto final na minha carreira tenha sido devastadora para mim, ela também se revelou uma das maiores lições que aprendi na vida. Ela me ensinou, de forma dolorosa, a importância de apreciar a vida e de apreciar a si mesmo enquanto as coisas estão acontecendo, e não depois do fato consumado.

O meu dia predileto em todos os campeonatos de beisebol, desde os tempos de criança e até quando fiquei mais velho, era o último dia. Geralmente, no último dia do campeonato, você perde. Mesmo não curtindo perder, ainda mais no fim do campeonato, havia duas coisas que eu adorava no jogo final. Primeiro, com o fim do campeonato a pressão acabava, pelo menos por algum tempo. Já não importava como tinha sido minha atuação, minha posição entre os pontuadores do campeonato, meu *status* no time, se eu arremessava bem e tudo o mais. Sentia como se tivesse "saído da berlinda". Sentia que todos os companheiros da minha equipe, com quem eu competira, me comparara e muitas vezes invejara ao longo do campeonato, agora estavam no mesmo barco que eu – todos no mesmo nível. O fim do campeonato era um grande equalizador, e eu gostava disso.

O segundo motivo de eu gostar tanto do jogo final – e também o mais importante – é que muitas vezes os jogadores do outro time, até mesmo os mais durões, desabavam e choravam. Embora isso não acontecesse com tanta frequência (porque todos aprendemos desde meninos, direta ou indiretamente, que "homem não chora"), quando isso acontecia era verdadeiro, e eu gostava disso. Além do mais, não me sentia tão esquisito por chorar de vez em quando e desejar fazer isso com mais regularidade, embora eu tivesse me treinado muito bem a manter minhas emoções contidas, para evitar que meus companheiros de time ou outros me ridicularizassem.

Eu achava que havia algo de errado comigo

Passei quase toda a minha infância, adolescência e início da idade adulta achando que havia algo de errado comigo, embora, externamente, eu parecesse ter tudo de bom – tirava boas notas, era bonito, tinha um monte de amigos, era bom em esportes, basicamente "feliz" e "bem-sucedido". Mas percebi que era também muito sensível, muito paranoico, muito inseguro ou muito emotivo, porque sempre duvidava de mim mesmo, me sentia um estranho no ninho e me achava inferior aos que estavam à minha volta (apesar do meu "sucesso" externo). Eu me sentia como se estivesse enganando a todos o tempo inteiro. Sempre que eu via alguém chorar ou, se em um determinado momento, alguém fizesse ou dissesse algo que me parecesse mais verdadeiro ou vulnerável, isso sempre me fazia sentir mais ligado a essa pessoa, em nível pessoal, e eu me sentia mais normal.

Ao seguir pela vida afora ouvindo os medos, as dúvidas e as inseguranças de milhares de pessoas, estou plenamente convencido de que todos nós, alguns mais do que outros, temos momentos na vida em que julgamos haver algo de errado conosco. Não havia nem há nada de errado comigo por pensar e sentir as coisas desse modo, embora eu me sentisse mal quando era mais jovem e ainda me sinta assim hoje em dia quando, às vezes, me bate alguma insegurança.

Muitas experiências também me ensinaram coisas a respeito de mim mesmo, me colocaram cara a cara com alguns dos meus medos mais profundos e também com bloqueios, pontos cegos e situações em que eu não estava sendo verdadeiro ou agindo de forma fiel a mim mesmo. Embora algumas dessas experiências tenham sido desafiadoras e dolorosas, elas também foram as minhas melhores professoras, especialmente as que tinham a ver com "ser verdadeiro".

Perdas dolorosas

Ao longo dos últimos sete ou oito anos, vivenciei várias perdas dolorosas, sendo que as mais significativas foram a morte do meu pai em 2001 e a morte do meu amigo e mentor Richard Carlson, autor do best-seller *Não faça tempestade em copo d'água*, em 2006. Estes foram os dois homens mais importantes na minha vida. Em ambos os casos, a morte veio de forma inesperada, chocante e incrivelmente dolorosa para mim. Eu já tinha lidado com a morte de pessoas próximas, antes, mas depois que meu pai e Richard se foram, o nível de dor e de pesar foi muito mais intenso do que qualquer coisa que eu tinha experimentado até então. Nos dois casos eu fiquei abalado até a alma e não sabia se conseguiria levar a vida em frente sem esses dois amigos especiais e muito importantes. Ao mesmo tempo, essas experiências foram transformadoras.

Pode haver magia na morte. Por ironia, ela pode nos fazer despertar para a dádiva da vida, e foi exatamente isso que as mortes de Richard e do meu pai fizeram por mim, de muitas formas. Elas também me apavoraram, me entristeceram profundamente e me fizeram avaliar coisas nas quais eu nunca havia pensado – coisas iluminadas e sombrias. Nos dias e nas semanas que se seguiram às mortes deles, eu me senti intensamente alerta, presente, vivo e autêntico, e me senti muito grato por isso.

Isso é relativamente comum quando algo dessa envergadura acontece na nossa vida, mas pode ser uma das maravilhosas bênçãos de uma tragédia, mesmo em meio à dor. Pense nas vezes em que algo intenso aconteceu na sua vida. Algo como a morte de um ente querido, a demissão de um emprego, um divórcio, uma doença inesperada, um desafio na área financeira ou alguma outra coisa que atraiu sua atenção e o despertou. Você muitas vezes não para a fim de apreciar a vida de um jeito mais profundo e interage consigo mesmo e com os outros a partir de uma perspectiva mais autêntica? Isso também vale para as experiências positivas que temos – uma cerimônia de casamento, a realização de um grande objetivo, o nascimento de uma criança, um momento marcante na carreira e assim por diante. Infelizmente, logo após experiências desse tipo, perdemos a nossa perspectiva e percepção expandidas e voltamos à "vida normal". É como se uma maravilhosa janela de vulnerabilidade e de percepção ampliada se abrisse brevemente para se fechar logo em seguida – e voltamos à nossa rotina de inautenticidade, permitindo que os problemas do dia a dia reassumam o comando das nossas vidas. Embora eu perceba muito bem esse fenômeno, vejo-o acontecer o tempo todo na minha vida e na vida das pessoas à minha volta – e isso sempre me deixa triste.

A liberdade da autenticidade

Este livro tem por objetivo fazer com que o leitor mantenha em sua vida diária o mesmo nível de percepção consciente que obtém depois de uma tragédia, de uma ligação inesperada que o acorda ou de uma experiência gratificante. Como seria se conseguíssemos viver nesse estado de percepção aumentada, apreciação e autenticidade de forma permanente? Pelo fato de essa percepção vir de dentro e ser criada por nós mesmos, e não por circunstâncias externas, cada um de nós tem o poder de viver desse modo o tempo todo, se decidir fazer isso. Não é fácil, exige muita coragem e, muitas vezes, essa atitude não é incentivada nem celebrada, mas a verdade é que ser verdadeiramente nós mesmos e viver a vida de forma autêntica pode nos proporcionar paz verdadeira, paixão e propósito na vida.

Já vivenciei, na minha existência e nas existências de muitas pessoas à minha volta, o poder da liberdade criada pela autenticidade – seja um vislumbre, uma ação corajosa, uma pura expressão de emoção ou uma admissão de vulnerabilidade. Os momentos da minha vida em que eu tive a coragem de fazer, dizer ou sentir o que era verdadeiro para mim em um nível mais profundo, embora muitas vezes eu tenha me sentido aterrorizado, representaram também algumas das experiências mais gratificantes, libertadoras e excitantes que eu já vivi. Como Eckhart Tolle diz em seu livro *Um novo mundo: o despertar de uma nova consciência*, "Somente a verdade de quem você é, quando alcançada, poderá libertá-lo".

Como usar este livro

Seja autêntico – outras personalidades já têm dono vem separado em três seções. A Parte I, formada por dois capítulos, aborda o porquê de parecer tão difícil, para nós, o uso constante da autenticidade, e analisa as influências familiares, culturais e pessoais, os pensamentos e medos que tornam difícil fazer e dizer o que é verdadeiro para nós, ou que nos levam a acreditar que a pessoa que somos não é aceitável o bastante.

O Capítulo 1 está focado nos fatores culturais e ambientais, enquanto o Capítulo 2 aborda as questões pessoais e psicológicas que nos impedem de ser, fazer e dizer o que é verdade. Para nos tornarmos mais reais em nossas vidas, precisamos antes nos conscientizar e assumir toda a responsabilidade pela forma como interiorizamos essas mensagens externas, e também como trabalhamos os bloqueios pessoais que nos impedem de sermos nós mesmos. Embora este seja um processo de autopercepção contínua que atravessa toda a nossa existência, o fato de mergulharmos nos desafios aqui e agora, no âmbito da realidade, do domínio e da compaixão nos permitirá ter uma visão honesta de onde estamos e por que nos parece um desafio essa busca de autenticidade na vida, no trabalho e nos relacionamentos.

Nos dois capítulos da Parte I eu analiso exemplos da nossa sociedade, tirados das vidas de outras pessoas e da minha própria vida. Eles ilustram como e por que a autenticidade pode ser desafiadora, além de mostrar o que representa o impacto final de não ser autêntico. Convido você a prestar atenção às mensagens que recebe continuamente, e também lanço o desafio de realizar um inventário da sua própria vida e avaliar honestamente a sua capacidade de ser verdadeiro. A primeira seção do livro é vital, pois ela lhe trará as percepções, os vislumbres e a inspiração para você se tornar mais do que você é de verdade – reparando e assumindo, com senso de humor, autopercepção e compaixão, o quanto de bobagem você fala e o porquê disso. Você deve lançar alguma luz nas trevas se deseja ver para onde está indo e ultrapassar os pontos em que ficou parado.

A Parte II expõe os cinco princípios de autenticidade que eu desenvolvi ao longo dos últimos dez anos trabalhando com pessoas e grupos, não só como palestrante, mas também como coordenador de seminários e oficinas, além de instrutor pessoal. Cada um desses princípios foi traçado para fortalecê-lo através de novas ideias, perspectivas e dicas que o levarão a um grau maior de autenticidade na vida e nos relacionamentos. Isso trará mais liberdade, paz e realização para você e para as pessoas que estão à sua volta. Esses cinco princípios de autenticidade são:

Princípio 1: Conheça a si mesmo
Princípio 2: Transforme seu medo
Princípio 3: Se expresse
Princípio 4: Seja corajoso
Princípio 5: Celebre quem você é

Esses cinco princípios são conceitos poderosos que eu ensino às pessoas em sessões e treinamentos, bem como em seminários, oficinas e palestras. Cada um dos princípios complementa e se soma ao anterior, levando o leitor através de um processo que se propõe a ser iluminador, desafiador e fortalecedor.

Esses princípios, embora sejam aparentemente de fácil compreensão, exigem coragem verdadeira de quem deseja integrá-los na vida e nos relacionamentos de forma regular. Colocá-los em prática, no entanto, promoverá um enorme impacto sobre você, sobre as pessoas à sua volta e sobre o seu nível de sucesso genuíno e realização na vida.

A Parte III fala de ação. Efetuar mudanças duradouras na nossa vida tem a ver mais com o que fazemos do que com o que sabemos. Essa última seção do livro lhe permitirá integrar o que você leu e aprendeu, a fim de descobrir maneiras específicas de colocar tudo em ação na sua vida.

Práticas e exercícios interativos

Na maioria dos capítulos existem exercícios interativos para você realizar enquanto segue em frente. Cada exercício foi planejado para ser executado de imediato, enquanto você lê o livro. Os exercícios permitem que você se envolva com o material de forma pessoal e específica, de maneira que seja singular para você e para a sua vida.

Ao fim de cada capítulo na Parte II existem várias "práticas" listadas e descritas. Cada uma delas é simples, fácil de seguir e muito detalhada. Elas foram projetadas para fazer você realmente *colocar em prática* as lições de cada um dos princípios da autenticidade, na vida real e nos relacionamentos.

Eu apresento essas práticas para oferecer opções e estimular seus próprios pensamentos e ideias. Você deve utilizar todas, mas a melhor abordagem é pegar uma ou duas com as quais você se identifique mais ou que o assustem mais (normalmente esses dois aspectos são sinais de algo importante no qual você deve prestar atenção ou fazer), para começar a colocá-las em prática na sua vida enquanto estiver lendo o livro. Também sugiro que você converse a respeito dos exercícios, das práticas e do livro em geral com as pessoas com quem convive, pois isso tornará o processo mais relevante e lhe proporcionará mais impacto a partir do material oferecido.

Todos esses exercícios e práticas são os mesmos que utilizo comigo e com meus clientes. Eles já foram "testados" e devidamente projetados para elevar o seu nível de percepção, além de aumentar a sua capacidade de ser verdadeiro, externar a sua verdade, se ligar aos outros de forma honesta e vulnerável, correr atrás do que deseja, e muito mais.

Alguns desses exercícios e práticas estão focados em você como indivíduo, e você poderá realizá-los sozinho. Outros foram preparados para ser realizados com um parceiro (marido, mulher, amigo, familiar, colega, ente querido e assim por diante) ou com uma equipe (equipe de trabalho, time esportivo, família, grupo comunitário e assim por diante). Seria ótimo manter uma agenda ou um caderno de anotações à mão enquanto você lê o livro, para haver um lugar organizado onde você possa escrever, fazer listas e se engajar por completo nesses exercícios e práticas. Divirta-se e lembre-se de que eles são unicamente formas de você "treinar", e não há o que acertar ou errar em nenhum deles.

Uma mensagem importante de mim para você

Madre Teresa disse: "A honestidade e a franqueza tornam a pessoa vulnerável. Seja honesto e franco mesmo assim."

Tendo essas grandes palavras de sabedoria em mente e como contexto para todo este livro, quero que você saiba, a partir de um lugar profundo de autenticidade e vulnerabilidade dentro de mim, que eu me sinto honrado, empolgado e *apavorado* no instante em que embarcamos juntos na jornada representada por este livro.

Estou honrado por você ter comprado um exemplar deste livro e por confiar em mim para realizar, em sua companhia, esta pesquisa profundamente pessoal sobre a autenticidade. Estou empolgado porque sei o quanto é importante e libertador, para nós e para as pessoas à nossa volta, quando temos a coragem de ser como somos, de externar a nossa verdade e de correr atrás do que queremos na vida – embora isso possa ser desafiador.

Estou apavorado porque a vozinha crítica que existe dentro de minha cabeça, o "Gremlin" (sobre o qual nós falaremos ao longo de todo o livro), fica me dizendo coisas como "Quem você pensa que é para dizer às pessoas como elas devem ser verdadeiras e honestas consigo mesmas quando você mesmo ainda não chegou lá?" ou "Você não terá coragem de dizer tudo o que realmente pensa neste livro" ou "Nada disso é original, porque as pessoas já sabem dessas coisas ou as estão descobrindo por meio de outras pessoas, em algum lugar". Compartilho essas dúvidas com vocês, e isso é uma forma de eu me mostrar transparente e praticar o que ensino, reconhecendo meu medo e indo em frente assim mesmo.

Isso me leva a fazer um alerta importante – a autenticidade pode ser um pouco complicada, difícil e assustadora para a maioria de nós. Aprendemos muitas formas criativas de não dizer toda a verdade para nós mesmos e para os outros; aprendemos a fingir ser de determinadas maneiras que julgamos "adequadas"; aprendemos a viver a vida de um jeito que imaginamos que nos ajudará a "chegar lá" – e nada disso é muito autêntico. É preciso coragem para viver, trabalhar e criar relacionamentos com um sentido verdadeiro de honestidade e originalidade. Por essas e outras razões, este livro poderá ser desafiador e conflitante para as pessoas que o leem, se envolvem com ele e o integram à sua vida – exatamente como aconteceu comigo ao escrevê-lo. Os conceitos apresentados aqui podem parecer simples de entender, intelectualmente, mas integrá-los à sua vida, às suas emoções e colocá-los em prática regularmente com você mesmo, no seu trabalho e nos seus relacionamentos exigirá muito comprometimento, coragem e sensibilidade.

Não digo isso para ser dramático, agressivo nem virtuoso (embora eu possa ser tudo isso, de vez em quando). O que propomos aqui não se trata de um debate "leve", e também não se trata de teoria. Vamos tratar da *sua* vida, da *sua* verdade, e de *você* se tornar real – não é coisa para os fracos e, para obter resultados verdadeiros, você deverá se mostrar disposto a se engajar e a trabalhar a sua vida.

Viver com autenticidade verdadeira, apesar de ser incrivelmente libertador, não é uma coisa que surge com facilidade para a maioria de nós, e eu me incluo nesse grupo. Agradeço por você ter escolhido este livro, agradeço pelo seu interesse em viver uma vida genuína, e também por sua determinação em aprender, crescer e sair da zona de aparente conforto em sua vida. Obrigado por escolher vir comigo nesta jornada empolgante, desafiadora e libertadora. Aqui vamos nós!

Parte I

Por que é tão difícil ser autêntico

1

Não pise fora da linha

"Você nasceu original, não morra como uma cópia."

John Mason

Por que é tão difícil ser autêntico? Mais importante ainda: Por que, *para você*, é tão difícil ser autêntico? Não se trata de uma acusação nem de um julgamento, é apenas uma pergunta importante. Se você se fizer essa pergunta e conseguir respondê-la de forma honesta, sem julgar a si mesmo (lembre-se de que isso é difícil para a maioria de nós), estará no caminho de se tornar, cada vez mais, a pessoa que realmente é, até, por fim, ser absolutamente autêntico.

Nós nascemos sem autenticidade? Não, não creio! Então, como foi que essa dificuldade em ser autêntico apareceu em nossas vidas? Compreender como perdemos a autenticidade não é apenas complicado de responder como também é essencial em nossa jornada rumo à autenticidade. Apesar de eu não acreditar que sejamos vítimas das próprias circunstâncias, somos influenciados pela cultura na qual vivemos, pelas pessoas à nossa volta e pela nossa estrutura interna.

Esta primeira seção do livro foca exatamente nisso. Por que é tão difícil sermos autênticos com relação a algumas das influências sociais, familiares e pessoais – pensamentos, sentimentos, atitudes, crenças, decisões e escolhas – e o que torna essa autenticidade tão desafiadora para nós? Cada um de nós é um organismo único e, embora tenhamos um conjunto individual de influências e desafios, muitos desses fatores são universais. O Capítulo 1 foca no nível cultural, enquanto o Capítulo 2 vai lidar com elementos de nível mais pessoal e psicológico.

Não nos ensinaram nem incentivaram a sermos autênticos

Desde o momento em que pisamos no mundo, imediatamente começamos a ser "treinados". Os médicos, as parteiras, as enfermeiras, os pais, os parentes e as outras pessoas que conhecemos no nosso primeiro dia de vida começam a cuidar de nós e, ao mesmo tempo, nos impõem suas regras, procedimentos, opiniões, crenças e ideias de como o mundo funciona e de como as coisas devem ser. Na condição de pai de duas garotinhas muito jovens (nossa filha mais velha, Samantha, tem três anos, e Annarose, nossa bebezinha, ainda nem comemorou seu primeiro aniversário), estou consciente desse processo e compreendo o quanto ele é necessário. Se não tomássemos conta das nossas crianças durante vários anos depois de terem nascido, elas não conseguiriam sobreviver. Este dilema humano, entretanto, acentua um dos conflitos mais arraigados que todos nós enfrentamos: como poderemos saber o que significa ser quem verdadeiramente *somos* quando tudo o que conhecemos da vida nos é filtrado pelas pessoas que nos criam e pela cultura na qual vivemos?

Além disso, o treinamento de sobrevivência que recebemos quando ainda crianças e ao longo de toda a vida muitas vezes está em conflito com o nosso desejo e a nossa habilidade de sermos autênticos. Direta ou indiretamente, aprendemos que não devemos "pisar fora da linha", literalmente e também de modo figurado. Existem muitos fatores e instituições sociais dentro da nossa cultura que servem tanto para dar início a esse processo quanto para perpetuá-lo. Alguns deles fazem as duas coisas. Vejamos alguns exemplos significativos dessas influências e de como e por que eles atrapalham o nosso conhecimento e a nossa capacidade de sermos quem verdadeiramente somos.

Família

Seja por nascermos em famílias que consideramos "saudáveis" ou em outras, que consideramos "conturbadas", a maioria de nós não aprende a ser autêntico no seio da família. Na verdade, o que aprendemos, na maioria dos casos, é justamente o oposto. Por que isso? Porque quase todas as pessoas em nossas famílias têm dificuldade em ser autênticas, do mesmo modo que a maioria das pessoas do planeta (você verá que essa é uma afirmação recorrente ao longo deste capítulo, desta seção do livro e de toda esta obra, a propósito). Além disso, a maioria das famílias, até mesmo as "saudáveis," carregam dentro de si mesmas uma série de questões não resolvidas, conflitos e emoções não expressas que promovem um impacto profundo em cada pessoa que pertença ao grupo, individual ou coletivamente. Isso nos faz criar determinadas dinâmicas em nossas famílias, segundo as quais cada um de nós desempenha um papel específico, baseado em muitos anos de pensamentos, sentimentos e comportamentos inconscientes. Esses papéis muitas vezes trazem muita dor e frustração para nós mesmos e para outros em nossas famílias, e nem todos nos conduzem a ser quem realmente somos.

VEJA ISTO
Estatísticas sobre famílias norte-americanas

- De acordo com o Censo Americano realizado em 2000, mais de 60% de todas as crianças americanas vêm de famílias em que os pais são divorciados.
- De acordo com a Associação Médica Americana, 72% dos lares americanos abrigam pelo menos uma pessoa com algum tipo de vício.
- De acordo com a Pesquisa Harris de 2006, aproximadamente 33 milhões de pessoas (15% de todos os adultos americanos) admitem ter sido vítimas de violência doméstica. Além disso, seis em cada dez adultos afirmam conhecer pessoalmente alguém que já sofreu violência doméstica.

Muitas das mais importantes decisões que tomamos na vida (onde moramos; a escolha de carreira; a religião ou o caminho espiritual que seguimos, se houver algum; com quem nos envolvemos em relacionamentos românticos e, por fim, nos casamos; se temos filhos, e quantos; em quê gastamos o nosso dinheiro; em quem votamos nas eleições; como cuidamos de nós mesmos – além de muitas outras coisas) são influenciadas de forma significativa pelos membros da nossa família, independentemente da nossa idade, de nos comunicarmos regularmente com eles, de eles viverem perto ou longe de nós e até mesmo, em alguns casos, se eles ainda estão vivos ou não.

Muitas pessoas acompanham rigidamente os valores de suas famílias, enquanto outras, especialmente nos últimos cinquenta anos da nossa cultura ocidental, rejeitaram as crenças de suas famílias e fazem questão de demonstrar publicamente que "fazem as coisas do seu jeito".

Não importa de que lado desse espectro nos encontremos, é óbvio que nossas famílias desempenham um papel imenso na capacidade ou incapacidade de sermos autênticos. A maioria de nós toma suas decisões através desse filtro básico, e todos perguntam a si mesmos: "O que a minha família vai pensar disso?". Considerando que todos nós, um dia, precisamos do amor, da aprovação e da aceitação das próprias famílias para nossa sobrevivência quando éramos crianças ou adolescentes, muitos de nós ainda funcionamos como se essa situação permanecesse, quando geralmente não é mais o caso. Outros podem ter rejeitado tal necessidade anos atrás e trabalham em oposição contínua às lembranças subjetivas dos valores e das opiniões da família.

Muitos de nós, ao crescermos e evoluirmos, aprendemos a nos desvencilhar da família de origem (pais, irmãos e assim por diante), mas depois tornamos a nos emaranhar com nossos cônjuges e filhos. O fenômeno é o mesmo, só mudam os personagens. Em cada caso, ao fazermos isso (o que acontece com a maioria de nós, mesmo sem sabermos), não estamos raciocinando nem sentindo por nós mesmos, e simplesmente nos deixamos levar pelas expectativas reais ou interpretadas por outras pessoas, que nos dizem quem somos, o que podemos fazer e como "deveríamos" ser.

Eu mesmo me vejo nessa situação o tempo todo. Ao sentar aqui para escrever este livro, percebo que o filtro automático que separa o que eu posso dizer do que não posso é amplificado, especialmente nas questões relacionadas à minha família. Especular sobre o que minha mãe, minhas irmãs, minha esposa, meus tios, meus cunhados, meus sogros, minhas filhas (quando forem mais velhas) e outras pessoas vão pensar sobre o que estou escrevendo influencia muito o que estou disposto a colocar no papel.

Estar consciente disso é o primeiro passo para readquirirmos o poder e sermos mais do jeito que somos. Nossa família é a primeira e, muitas vezes, a mais poderosa força que deixamos atuar e que rouba nossa voz autêntica e nosso poder verdadeiro. Na maioria dos casos, recebemos e continuamos recebendo mensagens de nossa família para *não sermos* quem realmente somos, e sim *o que eles querem* que sejamos ou *acham* que deveríamos ser, na pior das hipóteses para que não nos transformemos em algo que os deixará envergonhados.

Escola

Eu vestia um conjuntinho de terno e calça marrons acompanhado de botas alaranjadas e uma gravatinha de prender no meu primeiro dia no jardim de infância. Podem acreditar, a minha mãe me amava e se importava comigo. Até hoje ela jura de pés juntos que fui eu mesmo que insisti em usar essa roupa ridícula para ir à escola – e aposto que ela curtiu muito isso. Estávamos no fim dos anos 1970, e minha irmã mais velha, Lori, adorava os Bee Gees, Shaun Cassidy e música disco, então eu devo ter tido a ideia de usar uma roupa tão esquisita por conta dessas influências. Não estou bem certo se aquela foi uma tentativa de parecer autêntico ou não, mas a verdade é que foi um momento sem paralelo, e as fotos tiradas naquele dia ficaram muito engraçadas. Entretanto, aprendi uma coisa importante logo no primeiro dia no jardim de infância, quando as outras crianças começaram a rir de mim e eu me senti idiota. Essa sensação se fixou em mim por muito tempo, e ainda hoje me acompanha: *Faça tudo o que puder para que não riam de você!*

Acho que a maioria de nós aprende essa lição em algum ponto da infância, geralmente na escola. A educação é um fator muito importante na vida; a maioria das pessoas em nossa cultura é afortunada por ter acesso a ela, e de graça. Infelizmente, no entanto, todos nós passamos por experiências na escola, não só com as outras crianças, mas também com muitos adultos, que nos afetam de forma negativa, mental e emocionalmente. Nosso sistema educacional muitas vezes perde o bonde quando se trata de cuidar do nosso desenvolvimento mental e emocional, sem mencionar a qualidade da educação em si.

Creio que quase todos os professores e também a maioria dos pais têm a melhor das intenções. Mas como quase todas as pessoas envolvidas nas comunidades escolares têm dificuldade em ser autênticas (como quase todo mundo, diga-se de passagem), o simples fato de observar os adultos e as outras crianças à nossa volta diariamente nos faz ser, literalmente, "treinados" para anular a própria autenticidade, desde os tempos de escola.

Apesar de as coisas começarem a melhorar, visto que existe uma conscientização muito maior a respeito de fatores fundamentais tais como a importância de um espaço pessoal, exercícios, dieta e alimentação saudável, bem-estar mental e emocional, criatividade, estímulos a múltiplos aprendizados, entre outros, a maioria dos adultos do mundo de hoje cresceu frequentando escolas em modelo tradicional, onde todos ficavam sentados em fileiras rígidas na sala de aula, e se viam forçados a decorar um monte de informações simplesmente porque era assim que as coisas funcionavam e porque os padrões, as escalas de testes e a base pedagógica das escolas muitas vezes dependiam do cumprimento desses parâmetros. Infelizmente isso ainda acontece em muitas escolas.

Embora exista, sem dúvida, um lugar importante para a disciplina, para o treinamento, para as regras, para a segurança e muito mais – tanto em casa quanto na escola –, muitos dos conceitos baseados em medo e movidos pelo ego, que nos foram ensinados na escola, não nos incentivaram a pensar por nós mesmos, não nos permitiram expressar emoções verdadeiras e muito menos nos forneceram ferramentas necessárias para descobrirmos quem éramos, o que queríamos e o que era importante para nós.

Algumas pessoas argumentam que a escola não foi criada com essa finalidade, para início de conversa, e que a maior parte do treinamento social e emocional que precisamos deveria vir de casa. Entretanto, devido à quantidade de tempo que passamos na escola, além dos problemas de relacionamento em muitas das nossas famílias e da imensa pressão financeira que os modernos grupos familiares enfrentam (e que os leva a trabalhar mais horas e deixar os filhos com terceiros), a escola se tornou cada vez mais influente ao longo dos anos, em termos de desenvolvimento mental e emocional das crianças e dos adolescentes.

Em média, a maioria de nós passa 15 anos na escola, desde que entramos no pré-escolar, aos 3 anos, até terminarmos o ensino médio, aos 18. Calculando uma média de 180 dias por ano, seis horas por dia, isso nos leva a 16 mil horas de escola, ou quase dois anos inteiros das nossas vidas, ao pegarmos o diploma do segundo grau – e não estou nem considerando o tempo da faculdade. Isso mostra a quantidade de tempo que gastamos na escola durante nossos anos de formação.

Não importa a nossa idade atual nem onde fomos criados, o fato é que a maioria de nós aprendeu muitas coisas na escola – coisas boas e coisas más – dentro e fora de sala. Uma vez que o sistema educacional é, muitas vezes, desprovido de ferramentas eficientes que nos ensinem a pensar, sentir, expressar ideias e lidar com a realidade da vida, a maioria de nós foi treinada para simplesmente seguir as regras e reter informações, além de receber uma lista enorme de regras sociais que costumamos aceitar ou recusar ao nos movermos pela vida afora.

Não sou especialista em educação, e compreendo que as oportunidades e desafios dentro de diferentes escolas e comunidades podem variar muito, mas pela minha própria experiência de crescimento, ao frequentar a escola quando criança e, mesmo mais velho, ao cursar uma universidade muito bem-conceituada (Stanford), sinto que não há muita coisa do que aprendemos na escola que nos ensine a ser nós mesmos, a nos expressar com confiança e a viver a vida de forma autêntica.

Religião organizada

A religião organizada é outra poderosíssima força, uma instituição da nossa cultura que pode provocar um impacto negativo na nossa capacidade de sermos nós mesmos. É um pouco complicado falar e escrever sobre esse assunto, porque não quero ofender ninguém. Todos nós temos as nossas opiniões pessoais a respeito de religião e crenças a respeito do papel de Deus e da religiosidade nas nossas vidas, e para a maioria de nós essas opiniões e crenças são sagradas. Mesmo que você seja uma pessoa que não acredita em Deus, não pertença a nenhuma religião organizada e nunca tenha entrado em uma igreja, sinagoga, mosteiro, nem participado de reuniões espirituais de qualquer tipo, pode ser fortemente influenciado pela religião organizada em nossa cultura.

Tenho muita admiração e respeito pela caminhada espiritual de todas as pessoas, e respeito até mesmo aquelas que preferem não reconhecer religião alguma ou acham que

Deus não existe. Em termos pessoais eu acredito, verdadeiramente, que "todos os caminhos levam a Deus". Porém, paradoxalmente, acho que toda religião organizada representa uma instituição que pode ser profundamente danosa para as pessoas, especialmente no que diz respeito à autenticidade.

Ouvi o Dr. Wayne Dyer pronunciar, há alguns anos, a seguinte frase: "O que é de Deus nos une e o que é do ego nos divide; por isso, na maioria dos casos, quando o assunto é a religião organizada, que divide a maior parte do mundo há muitas gerações, estamos lidando com o ego e não com Deus." Ao ouvi-lo dizer isso eu fiquei chocado. Lembro-me de ter olhado em volta para ver se mais alguém tinha ficado tão chocado quanto eu, mas não me pareceu haver muita reação nas pessoas à minha volta. Eu me virei para Michelle, minha esposa, e disse: "Puxa, eu não acredito que ele disse uma coisa dessas; isso poderá lhe trazer problemas." Embora eu, no fundo, concordasse com ele, minha reação automática foi baseada em anos de programação, e na mesma hora eu pensei comigo mesmo: "Isso é blasfêmia." Wayne Dyer, um dos mais proeminentes instrutores espirituais do nosso tempo e um dos meus mestres favoritos, havia dito uma verdade que ecoou dentro de mim. Porém, com base nas minhas noções pessoais do que é "aceitável" dizer a respeito de religião, me senti atônito.

A religião pode ser uma maravilhosa expressão de espiritualidade, comunidade, amor e serviço. Muitas coisas boas são realizadas por grupos que se baseiam unicamente em fé, não apenas em nossa cultura, mas em todo o mundo. Ao mesmo tempo, porém, acho que a doutrina, estrutura e dogma religioso, em muitos casos, reprimem nossa criatividade, nossa capacidade de expressão e, por fim, nossa autenticidade. Existem histórias tristes e comoventes de pessoas que sofrem abusos, muitas vezes dolorosos, perpetrados por membros e líderes da sua comunidade religiosa. Além disso, ao longo dos anos, eu ouvi literalmente milhares de histórias um pouco menos dramáticas sobre familiares, amigos e clientes que davam conta de quanto medo, vergonha e culpa eles sentiam, sentimentos baseados no que haviam aprendido ou ouvido na igreja ou no templo.

Cresci em meio a confusões pessoais relacionadas com a religião e a religiosidade. Meu pai era judeu e minha mãe católica, embora nenhum dos dois praticasse regularmente sua religião e nós não fossemos nem à igreja nem à sinagoga durante os primeiros anos da minha vida. Alguns anos depois que meus pais se separaram, quando eu tinha em torno de 5 anos, minha mãe levou a mim e à minha irmã mais velha, Lori, à igreja luterana de São Paulo, perto da nossa casa, porque eles ofereciam refeições gratuitas nas quartas-feiras à noite e tinham uma programação voltada para as crianças. Isso proporcionava à minha mãe a oportunidade de se ligar a outros adultos. Fui batizado aos 7 anos (para podermos nos tornar membros oficiais da igreja). Na adolescência, frequentei uma turma dos que iriam ser confirmados na igreja e, por fim, fui "crismado" como luterano.

Não sentia nenhuma ligação pessoal com Deus, com Jesus nem com o restante da comunidade da igreja quando era criança ou adolescente. Bem que eu gostaria, mas tudo me parecia enfadonho, ultrapassado ou esquisito. Não conseguia entender como aquilo poderia ter a ver comigo, com minha vida ou com a vida de modo geral.

Um momento crucial para o meu relacionamento com a religião organizada aconteceu em uma das nossas aulas de preparação para a crisma. Eu ergui a mão e perguntei ao pastor Merkel, nosso ministro e instrutor: "Como posso ter certeza de que o Luteranismo é a religião 'certa'? Quero ter a certeza de ter escolhido a religião correta, mas o fato é que conheço pessoas que vêm de outras religiões, como meu pai, que é judeu. Isso significa que eles estão 'errados'?"

O pastor Merkel tinha 30 e poucos anos e estava em seus primeiros anos em nossa igreja. Ele me pareceu um pouco espantado diante de uma pergunta como essa, feita por um adolescente de 13 anos, ligeiramente hipócrita e que não queria frequentar as aulas de crisma, para início de conversa. Não lembro exatamente qual foi a sua resposta e agora, em retrospecto, sinto-me ligeiramente desconfortável por ter colocado o pobre pastor na berlinda daquele jeito. Tenho certeza de que ele fez o melhor que pôde para responder à minha pergunta, e provavelmente me falou da importância da fé. O que quer que tenha dito, porém, não me satisfez. Cheguei à conclusão de que se havia realmente um Deus, Ele ou Ela provavelmente não estava olhando lá de cima para nós aqui embaixo, na Terra, e devia estar rindo da imensa maioria das pessoas que haviam escolhido a versão "errada" da religião organizada.

Os ideais e as intenções da maioria das religiões organizadas – ensinamentos e práticas divinas – são lindos, maravilhosos e importantes para a nossa vida. Entretanto (e infelizmente), muitos de nós, como eu, não vivenciam a religião organizada, e a influência que ela tem sobre a nossa sociedade não serve de assistência nem fortalece o nosso desejo de sermos nós mesmos e de vivermos com autenticidade.

Política

O filme *A mulher faz o homem*, de 1939, mostra um rapaz "do bem", muito ingênuo, interpretado por James Stewart, que é nomeado pela deformada máquina política do seu estado como senador dos Estados Unidos, para completar os poucos meses de mandato restantes após o falecimento recente de um senador. Os poderes que o levaram a tal cargo imaginam que esse jovem rapaz é esperto o bastante para cumprir a tarefa, mas o consideram politicamente ignorante e imaginam que ele não fará nenhuma pergunta constrangedora nem se interporá à agenda política do partido. O filme mostra o quanto os políticos e a mídia são corruptos e cínicos em Washington. No fim, o Sr. Smith, personagem principal, muito honesto e de mente elevada, vence o conflito de um jeito comum aos filmes perfeitos criados por James Stewart e Frank Capra (este último é o roteirista e diretor do filme, bem como de *A felicidade não se compra* e de muitos outros com temas semelhantes).

Esse é um dos meus filmes favoritos e, todas as vezes em que eu o assisto, surpreendo-me ao perceber o quanto as coisas continuam as mesmas em termos das opiniões que temos e da realidade de como os líderes políticos operam, não só em Washington mas no mundo em geral.

Infelizmente, os políticos formam outra instituição que reforça e serve de exemplo de comportamento não autêntico. Todos nós estamos muito conscientes das mentiras, traições e hipocrisia que acontecem na política hoje em dia, e agora, com as emissoras de notícias na TV a cabo transmitindo 24 horas por dia, podemos ver e acompanhar isso de perto tanto de dia quanto de noite. Mesmo com essa análise constante e maior pressão, a maioria dos políticos nos fita olho no olho e mente regularmente. Não importa se foi o presidente Nixon dizendo "Não sou um embusteiro", o presidente Clinton dizendo "Não tive relações sexuais com a Srta. Lewinsky", ou o presidente Bush garantindo que "O Iraque possui um estoque de armas de destruição em massa", ouvimos mentiras dos políticos nas grandes e nas pequenas ocasiões o tempo todo.

Apesar de a maioria das pessoas não desejar nem esperar mentiras descaradas lançadas por seus líderes políticos, pelo menos não os que eles respeitam e apoiam, imaginamos que eles vão continuar fazendo e dizendo o que for necessário a fim de se elegerem e terem alto índice de aprovação popular. O local de reuniões para a mídia e para as pessoas que trabalham junto aos políticos que concorrem à presidência é conhecida como "sala da enrolação". Não sei o que é pior: o fato de ela ter um nome desses ou nós não nos incomodarmos nem nos preocuparmos com o fato.

VEJA ISTO
Nossas opiniões a respeito dos políticos

De acordo com uma pesquisa da comissão bipartidária, feita pelo Projeto de Conduta em Campanha:

- 59% das pessoas acreditam que a maioria dos candidatos distorce a verdade deliberadamente.

- 39% do público pesquisado acredita que todos ou a maioria dos candidatos mentem de forma deliberada para os eleitores.
- 43% dos entrevistados acreditam que todos ou quase todos os candidatos fazem ataques injustos contra os oponentes.
- 67% das pessoas acham que podem confiar no governo federal somente uma parte do tempo, ou nunca.
- 87% dos entrevistados estão preocupados com o nível dos ataques pessoais nas campanhas políticas da atualidade.

A mensagem que recebemos e a interpretação que fazemos ao analisar a forma como muitos dos nossos líderes políticos atuam é que não dá para você dizer às pessoas, abertamente, o que realmente pensa; é preciso dizer o que elas querem ouvir e o que mais interessa a quem tem o poder de eleger você – alguns eleitores, lobistas corporativos, pessoas ligadas aos partidos políticos, especialistas da mídia e outros nessa linha. Suponho que a maioria dos políticos se engaja nessa área de atuação com o intuito de fazer a diferença e ajudar seu bairro, seu município, seu estado ou seu país. Entretanto, na maior parte dos casos, parece que o próprio sistema está configurado para forçá-los a vender as ideias que são mais importante para os próprios políticos, a fim de lhes amealhar mais poder, conseguir-lhes a vitória nas eleições e lhes proporcionar uma influência "verdadeira".

Há outro filme sobre política, lançado em 1998, que eu acho excelente. Chama-se *Politicamente incorreto.* Warren

Beatty, que escreveu, dirigiu e estrelou este filme, faz o papel do senador Bulworth, da Califórnia, que está deprimido e resolve contratar um assassino de aluguel para acabar com a sua vida, pois isso fará com que sua família receba a soma fantástica do seu seguro de vida. Sabendo que vai morrer em poucos dias, ele coloca o pé na estrada e começa a falar a verdade – do fundo do coração, honestamente, de um jeito engraçado e envolvente. Sua sinceridade é tão cativante que as pessoas passam a adorá-lo. O que torna o filme engraçado e triste ao mesmo tempo é que ele enfatiza a falta de autenticidade dos políticos e o desejo profundo que todos nós temos por mais honestidade em nossos políticos, o que raramente obtemos.

Mídia

Devido à natureza gigantesca da mídia hoje em dia, talvez ela seja a maior culpada pela perda de autenticidade que enfrentamos em nossa cultura. Mesmo com o surgimento dos "reality shows" na TV, na última década (os quais, como sabemos mostram pouca coisa da realidade), parece que a maior parte do que nos dão para consumir, através das muitas formas de mídia que existem atualmente, são notícias superficiais, fofoca, brigas intermináveis, opiniões políticas baseadas em interesses específicos ou medo, além de um monte de mensagens negativas sobre o que está errado no mundo, nas outras pessoas e em nós.

A indústria de propaganda e marketing, sozinha, consegue bilhões e bilhões de dólares unicamente para nos dizer que não somos bons o suficiente do jeito que somos – precisamos comprar seus produtos a fim de parecermos, nos sentirmos e nos tornarmos melhores. Os programas de notícias sobre o mundo do entretenimento, as revistas de fofoca e os blogs das celebridades na internet – sem falar na obsessão dos noticiários dos canais abertos por histórias sensacionalistas sobre conflitos, vícios e escândalos – fazem com que muitas pessoas prestem mais atenção ao que está acontecendo com Britney Spears e seus filhos, com políticos ou personalidades da mídia que fizeram alguma declaração politicamente incorreta, ou especulem se Brad Pitt e Angelina Jolie vão ou não continuar juntos, em vez de observarem o que está acontecendo nas suas próprias vidas, relacionamentos e dentro delas mesmas.

A mídia, como um todo, não parece nem um pouco interessada na verdade indiscutível, na complexidade, na ambiguidade ou no paradoxo das coisas – só trata de brigas, exageros, direita *versus* esquerda, dramas e fatos simplórios a qualquer preço. Nossos intervalos de atenção direcionada são cada vez mais curtos; existem mais canais de comunicação, incluindo os sites online mais populares. Tudo isso trouxe mais competição em busca de audiência e o consequente aumento na receita publicitária.

De acordo com a A. C. Nielsen Co., uma das maiores empresas de pesquisas do mundo, o americano médio assiste a mais de quatro horas de TV por dia (isso dá 48 horas por semana e dois meses ininterruptos de TV por ano). Em uma vida de 65 anos, essa pessoa terá passado nove anos com os olhos grudados na telinha. Como a maioria dos programas que passam na TV hoje em dia não tem profundidade, nem verdade e nem autenticidade, isso tem um impacto *tremendo* sobre nós.

Embora eu não acredite que a maioria das pessoas envolvidas com a mídia sejam motivadas por más intenções, cada um de nós é afetado de forma significativa pelo que assiste, ouve e aprende nos meios de comunicação. Como isso tem relação com a nossa capacidade (ou, na maioria dos casos, incapacidade) de sermos autênticos, a mensagem predominante que recebemos da mídia é que aquilo que percebemos é a realidade, devemos acreditar no que nos dizem e, para sermos felizes e bem-sucedidos, é necessário nos alinharmos ao que é popular.

Mensagens pouco saudáveis

Por meio das nossas instituições, das pessoas em nossas vidas e das nossas próprias interpretações, crescemos e vivemos em uma cultura que constantemente reforça muitas mensagens pouco saudáveis e que nos mantêm aprisionados em nossas maneiras não autênticas de pensar, falar e agir. Algumas dessas mensagens são óbvias e claras, enquanto outras são mais sutis. De qualquer modo, todas são traiçoeiras e podem causar danos verdadeiros para nós mesmos, para os nossos relacionamentos e para a nossa capacidade de sermos genuínos. Vamos dar uma olhada no que algumas dessas mensagens são e como elas podem nos impactar.

Seja um bom menino ou uma boa menina

Não importa se ouvimos isso dos nossos pais, professores ou outros adultos, mas todos nós aprendemos, de forma direta ou indireta, enquanto crescíamos, a ser um "bom menino" ou uma "boa menina". Isso normalmente significava fazer as coisas que os adultos à nossa volta queriam que fizéssemos – ir para a cama, sentar retos na cadeira, lavar as mãos ao chegar da rua, escovar os dentes, brincar e dividir os brinquedos com os amiguinhos, sorrir e outras coisas mais. Apesar disso, muitos de nós continuamos, ao longo da vida, muito tempo depois de deixarmos a escola e sairmos da casa dos pais, a ouvir e a responder a essas mensagens. Temos a "síndrome de querer agradar" e estamos sempre tentando fazer ou falar coisas que imaginamos que irão fazer os outros acharem que somos pessoas "boas".

Apesar de ter sido importante e essencial nos imporem algumas normas e limites, não só para nos manter seguros, mas também para montarmos uma estrutura básica de vida, o fato é que tais mensagens do tipo "bom menino e boa menina" nos ensinaram desde cedo que o que somos é baseado em como nos comportamos. Por baixo disso está oculta a mensagem de que nós não éramos bons o bastante antes, precisávamos ganhar o amor, a aprovação e a apreciação dos outros e, para isso, tínhamos de viver de acordo com expectativas específicas e subjetivas do que significava "ser bom".

Qualquer um de nós que tenha sofrido ou ainda sofra da "síndrome de querer agradar" (como às vezes acontece comigo) sabe o quanto isso é estressante, doloroso e, por fim, insatisfatório. Tentar constantemente fazer ou dizer a coisa "certa" a fim de que os outros nos aprovem, gostem de nós e mantenham um bom conceito a nosso respeito nos enfraquece e nos impede de sermos nós mesmos, de expressarmos as nossas verdades ou de vivermos nossas paixões mais profundas.

Anita, uma antiga cliente minha, vivia atarefada e lutava para manter sua vida equilibrada, além de lidar constantemente com muitos "dramas familiares", como ela mesma chamava. Era uma jovem profissional solteira, com menos de 30 anos, e estava obtendo muito sucesso nos primeiros anos de sua carreira na área de vendas. Dizia que adorava o trabalho, mas me parecia ansiosa, entediada e descontente ao falar da sua vida, da sua carreira e dos seus relacionamentos durante nossas seções. Muito do seu estresse e do seu sofrimento derivava do relacionamento com o pai. Ele sempre a forçara a ser bem-sucedida e, sendo ele próprio um homem de negócios bem-sucedido, alimentava grandes expectativas com relação à Anita.

Em uma de nossas seções, quando Anita expressava algumas das suas frustrações específicas com o trabalho e com sua realidade, eu a desafiei a descobrir opções para realizar outra coisa na sua vida. Essa simples sugestão de fazer algo diferente lhe provocou espanto, e ela exclamou: "Você está brincando? Eu não posso deixar o meu trabalho, meu pai me mataria!"

Anita, como muitos de nós, estava presa às opiniões, às expectativas e às ideias do seu pai e de outras pessoas importantes na sua vida. As opções que enxergava para si mesma sempre se encaixavam na categoria do que a faria ou não parecer "uma boa menina" aos olhos das pessoas à sua volta. Embora tenha conseguido grandes progressos durante o tempo em que trabalhamos juntos, sua capacidade de alcançar o sucesso e a realização na carreira, nos relacionamentos e na vida, do jeito que verdadeiramente desejava, estavam diminuídos de forma significativa pela sua fixação constante em agradar ao pai.

Cale a boca

Muitos de nós, quando crianças, recebemos a ordem (e continuamos a receber) para "calar a boca". Infelizmente, essa mensagem muitas vezes nos foi comunicada de forma direta, com raiva, vergonha e ressentimento, especialmente se fomos criados em uma família extremamente negativa ou com deficiências de relacionamento. Mesmo para aqueles de nós que não ouviram essas palavras específicas nem cresceram em um ambiente hostil, tal mensagem estava e ainda está em toda parte, nas nossas vidas e na nossa cultura.

Todos nós aprendemos que existem certos momentos e lugares nos quais "devemos" abrir a boca para falar. Porém, na maioria dos casos, quando chegamos ao ponto de nos expressar abertamente, aprendemos que devemos ficar quietos e cuidar da própria vida. Pense só nas frases que ouvimos tantas vezes:

- "Crianças são para ser vistas, e não ouvidas."
- "Você não pode dizer uma coisa dessas."
- "Fale só quando falarem com você."
- "Nada de conversas paralelas."
- "Espere a sua vez."
- "Não seja repondão!"
- "Quem você pensa que é?"
- "Não interrompa!"
- "Fique quieto."

Essas e muitas outras coisas nos foram jogadas na cara quando crianças, e continuamos a ouvir variações delas em nossos relacionamentos, no trabalho e ao longo da vida. Algumas delas nos foram ditas com boas intenções, e nossos amigos, professores e familiares nos falavam isso tentando nos garantir sucesso na vida. Entretanto, a maioria de nós interpretava essas mensagens, quando crianças e ao longo dos anos, como um alerta de que devíamos ficar calados para não nos metermos em encrenca.

Recentemente eu estava apresentando um seminário sobre habilidades visando resolução de conflitos para um grupo de líderes em uma das empresas para as quais trabalho, e estávamos discutindo a importância da honestidade e da franqueza e de como isso tem relação com ser capaz de resolver problemas. A maioria das pessoas na sala balançava a cabeça, concordando com tudo.

Charlie, um dos funcionários mais antigos, ergueu a mão e disse: "Isso tudo faz sentido e é essencial para lidar com a minha equipe, mas não funciona com o meu chefe. Não dá para ser honesto e franco quando estamos falando com alguém hierarquicamente superior a nós." Ao olhar para a plateia, via a maioria das pessoas balançando a cabeça, em concordância.

Estou contando essa história não como reflexão sobre os problemas de relacionamento nessa empresa em particular, e sim como uma prova de como continuamos a perpetuar a noção de que devemos "calar a boca" durante toda a nossa vida, independentemente do nosso nível de experiência, sucesso ou responsabilidade.

Por que você não pode ser um pouco mais parecido com fulano?

Outra mensagem nociva que recebemos quando éramos crianças é que devíamos ser mais parecidos com alguém – com nosso irmão ou irmã, com nosso primo, amigo, colega, criança famosa da TV etc. Nos momentos de frustração, quando nossos pais ou professores nos viam fazendo algo que não "devíamos", imaginavam, em sua infinita sabedoria, que, se apontassem o quanto fulano ou sicrano eram bons em alguma coisa, nos motivariam a ser mais como eles gostariam que fôssemos. Então nos diziam coisas como "Por que você não tenta ser um pouco mais parecido com a sua irmã? Ela se senta direitinho à mesa, come as verduras e os legumes e não deixa a comida cair no chão".

Perguntas e abordagens desse tipo podem parecer benignas para nossos pais ou professores. Na verdade, o que eles diziam tinha algum mérito na época, mas a maioria de nós ouvia essas mensagens e as interpretava como prova de que não éramos bons do jeito que éramos, que deveríamos ser como as outras crianças e que certamente haveria algo de errado conosco. Em outras palavras, começamos desde cedo a nos sentir envergonhados e culpados por ser quem éramos.

Mesmo para as crianças que eram sempre tidas como "modelo de comportamento", essas mensagens foram e continuam sendo danosas. Se você era ou é o tal "fulano" de quem as pessoas falam "por que você não tenta ser um pouco mais parecido com fulano?", certamente sofre uma pressão enorme para continuar sendo a pessoa "ideal", alguém que todos têm em alta estima. Ninguém vence nesse jogo de comparações, e ele só serve para fazer com que todos ajam de maneira não genuína.

Susie e Jim, amigos com quem passamos algum tempo em várias ocasiões, têm três filhos: Tyler, de 7 anos; Ryan, de 5 e Zackary, com 2 anos e meio. Os meninos têm muito vigor e energia, como costuma acontecer nessa idade. Gostam de brincar, lutar e correr juntos de um lado para outro. Susie e Jim, entretanto, têm um trabalhão com Ryan. Ele briga o tempo todo com os irmãos, é muito desafiador e encrenqueiro, e isso provoca muito estresse em todos na casa.

Susie e Jim se autoproclamam pais "à moda antiga" e são muito rígidos com os meninos – batem nos filhos de vez em quando, têm regras muito bem definidas e comandam a casa "com rédea curta". Sendo assim, repreendem Ryan, muitas vezes batem nele e de vez em quando o afastam dos irmãos para ficar de castigo. Além disso, eles dizem, muitas vezes por dia: "Será que você não consegue seguir as regras e se comportar do jeito certo, como seus irmãos?"

Apesar de Jim e Susie evidentemente amarem Ryan e fazerem o que julgam melhor para ele, é óbvio que essas mensagens e o tratamento que lhe dão perpetuam muito do que desejam mudar no comportamento do filho e mantêm em ação a dinâmica do conflito.

Acalme-se!

Essa é uma das expressões que sempre me deixaram furioso. Alguém sugerir que o outro se "acalme" é algo que ouvimos não só quando criança, mas durante toda a vida – principalmente se somos passionais, emotivos, francos, com opiniões próprias ou tudo isso, como é o meu caso. Se você quiser realmente me irritar, tudo o que precisa dizer é "Acalme-se!", ou fazer alguma referência à minha reação exacerbada, ou ao fato de eu ser muito passional ou intenso. Como dá para perceber, isso me aconteceu diversas vezes ao longo da vida, e eu continuo sensível à frase. Ah, o fardo de sermos humanos!

Todos nós recebemos mensagens, desde o instante em que chegamos a este mundo, sobre quando, como e o quê é apropriado para expressarmos em termos de emoções. Observem, por exemplo, como as pessoas reagem quando algum bebê chora (por sinal, tive muitas experiências com isso nos últimos três anos). Pais, amigos, avós e até estranhos normalmente avaliam um bebê chorando como algo "ruim". Todos tentam fazer todo o possível para que o bebê pare de chorar imediatamente. Meus sentimentos diante de um bebê que chora são diferentes. É claro que há momentos em que um bebê está irritado e precisa de ajuda, comida, troca de fraldas e assim por diante. Não morro de amores pelo som das minhas filhas chorando, nem quero que elas sofram desnecessariamente. Entretanto, creio que muitas das vezes os bebês estão apenas se expressando quando choram. Como não possuem um vocabulário muito extenso quando nascem, chorar é o jeito mais passional e apropriado para eles se expressarem.

Nossa obsessão em fazer um bebê parar de chorar tem mais a ver com nos sentirmos incomodados com emoções intensas, não gostarmos do som do choro e não querermos que as pessoas nos julguem por termos um bebê que se sente desconfortável. Além disso, existem crenças inconscientes sobre quais emoções são aceitáveis e apropriadas e quais não são, e isso não tem nada a ver com cuidar do bebê.

O mesmo fenômeno se repete ao longo da nossa vida, depois de termos crescido. Na nossa cultura, a maioria das pessoas não incentiva as expressões passionais de muitas das nossas emoções, especialmente as consideradas "ruins", como raiva, medo, tristeza, mágoa, vergonha, culpa, luto e pesar, entre outras. Empolgação, alegria, amor, felicidade e gratidão são aceitáveis, mas muitas vezes elas são recebidas com ceticismo, e mesmo tais emoções "boas" só recebem incentivo para serem expressadas de formas "apropriadas" ou por motivos "apropriados". Em outras palavras, quer estejamos chateados ou empolgados, fomos treinados para nos "acalmar" ou para "baixar a bola", sem exagerarmos para um lado nem para o outro.

Não estar atento a isso, sentir-se à vontade com essa situação ou achar que devemos ter "permissão" para sentir e expressar nossas emoções verdadeiras pode criar uma espécie de supressão debilitante dentro de nós. Não saber como honrar ou expressar nossas emoções de forma eficaz e produtiva é ainda pior. Essa dinâmica cria muito estresse, pressão, e nos faz levar a vida de forma não autêntica.

Muito do nosso comportamento negativo, hábitos pouco saudáveis e, por fim, dor e mágoa em nossas vidas surgem a partir da inabilidade em reconhecer e expressar emoções intensas. Embora existam muitos fatores que levam a casos de alcoolismo, reações exacerbadas, infidelidade, distúrbios alimentares, compulsão pelo trabalho, depressão e até mesmo suicídios ou crimes violentos, um dos principais motivos disso tudo é não nos sentirmos capazes de expressar nossos verdadeiros sentimentos e, devido a isso, nos tornarmos danosos a nós mesmos e aos outros.

Quase todas as pessoas que estão se recuperando de algum vício poderão lhe dizer que o motivo de elas terem começado e insistido em abusar de drogas ou do álcool foi a automedicação, devido a alguma emoção ou grupo de emoções específicas que elas não conseguiram tolerar e com as quais não lidaram com eficácia. Eles também poderão lhe contar que suprimir a substância que provocou o vício foi o primeiro passo para a cura e para o processo de crescimento, mas não foi, nem de perto, o mais importante. Até elas conseguirem lidar com questões e emoções que estavam por baixo de tudo e as levaram ao vício, os problemas verdadeiros continuaram.

É melhor parecer estar bem do que se sentir bem

A mensagem de que a aparência é mais importante que a substância está em toda parte na nossa cultura. Desde a obsessão pela beleza física e pela juventude até a preocupação que temos em exibir bens materiais e sucesso externo, muitas pessoas lutam para "chegar lá" e "sair bem na foto", no sentido de parecer ótimo perante os outros.

Muitas vezes eu acho interessante e às vezes irritante que, nas reuniões das quais participamos ou quando encontramos pessoas em geral, a primeira coisa que nos perguntam é "O que você anda fazendo?". Não que eu não esteja interessado em saber o que as outras pessoas estão fazendo, é claro que estou. Só acho fascinante que nós imediatamente falemos de carreiras, atividades, férias, famílias, planos, eventos e assim por diante, e quase nunca perguntemos ou conversemos sobre assuntos mais verdadeiros e palpáveis – os nossos sentimentos, os nossos sonhos, as nossas lutas, as nossas paixões etc. Focamos mais no que estamos *fazendo* e não no que estamos *sentindo*.

Os recados que a mídia nos passa o tempo todo nos garantem que ser feliz é perder peso, ter um belo corpo, dirigir um carrão, curtir férias maravilhosas, estar ao lado de alguém atraente, se aposentar cedo, possuir uma linda casa e fazer tudo o que as pessoas famosas fazem. Isso reforça a ideia de que parecer estar bem por fora é mais importante do que se sentir bem por dentro. Mesmo as pessoas que têm consciência dessa distorção, como eu, lutam contra ela o tempo todo.

Muitas vezes eu me pego com obsessões a respeito da minha aparência física, me vejo focando o sucesso externo, me preocupando com a forma como as outras pessoas me veem, em como estou me saindo... Ou tentando exibir um ar de confiança e realização pessoal, em vez de prestar atenção ao que realmente sinto por dentro. À medida que o meu trabalho foi se expandindo e eu me tornei uma pessoa mais conhecida do público, isso se tornou mais desafiador a cada dia. Como costumo dizer, e provavelmente vou repetir ao longo deste livro, às vezes nós ensinamos melhor o que mais precisamos aprender.

Pontos a ponderar

Ao nos encaminharmos para o Capítulo 2 e, por fim, aos cinco princípios da autenticidade, comece a prestar atenção a todas as instituições, esquemas e mensagens do passado que continuam a provocar impacto na sua vida hoje e que são um desafio à sua vontade de ser você mesmo, de falar com franqueza e de viver com autenticidade. Pergunte a você como tudo isso continua a afetá-lo em nível pessoal.

As perguntas a seguir foram feitas para você refletir e responder, em uma tentativa de tornar tudo mais real e específico para você e para a sua vida:

1. O que você aprendeu sobre você mesmo por meio da família, da escola, da religião, da política, da mídia e de outros fatores?
2. Que mensagens específicas você recebeu, enquanto crescia, que tornaram mais difícil o desenvolvimento da sua autenticidade?
3. Quais as instituições, influências ou mensagens na sua vida, hoje em dia, que o impedem de ser você plenamente, ou de levar uma vida autêntica?

Enquanto você pensa nas respostas para essas perguntas, tente enxergar com clareza o tamanho do impacto que essas instituições, influências e mensagens têm sobre você e sobre a sua habilidade (ou inabilidade) de ser autêntico.

Não somos vítimas da nossa cultura, nem da família, nem de nenhuma das coisas que aprendemos no passado, nem das que lembramos no presente. É essencial, entretanto, que você reconheça tais influências, admita-as, tome posse delas, assuma a responsabilidade de ter incorporado essas mensagens e, por fim, descubra o porquê dessa dificuldade em ser autêntico.

Agora que analisamos alguns dos fatores externos predominantes que tornam a autenticidade desafiadora para nós, estamos prontos para dar uma olhada nos aspectos insidiosos e nocivos de tudo isso – nossas falsas *personas*, a autocrítica e o medo.

2

Não posso dizer nem fazer isso

"Deus vos deu um rosto e arrumais outro."

William Shakespeare

Agora que já demos uma boa olhada em algumas das influências familiares, instituições culturais e mensagens da sociedade que tornam difícil sermos autênticos, vamos voltar os olhos para o nosso interior a fim de analisar as razões mais pessoais devido às quais muitas vezes lutamos para sermos nós mesmos.

A força das circunstâncias em nossa vida desempenha um papel importante nesse processo. Entretanto, a forma pela qual interpretamos pessoalmente essas circunstâncias e o jeito como incorporamos o que vemos, ouvimos e vivenciamos têm tudo a ver com *como* nos saímos na vida e nos relacionamos uns com os outros e com nós mesmos. Em outras palavras, não é tão importante o que nos acontece, e sim a forma como reagimos às coisas, e também as decisões que tomamos a respeito de nós mesmos e da vida, e que nos levam a não ser autênticos.

Para sermos verdadeiros conosco, vivermos com autenticidade e lutarmos pelo que realmente desejamos na vida, precisamos, antes de qualquer coisa, reconhecer, tomar posse e assumir a responsabilidade pelas limitações autoimpostas, pelo nosso jeito falso de ser e de agir, e pelas coisas específicas que tornam difícil sermos nós mesmos. Para sobreviver na vida, cada um de nós criou uma *persona* – inventada para esconder os aspectos inaceitáveis, falhos e assustadores de quem julgamos ser, mas que não queremos que os outros descubram.

Neste capítulo, vamos analisar o porquê de criarmos essas *personas* e o impacto que elas têm, o quanto nos criticamos e nos comparamos uns com os outros, sempre de forma desfavorável, e do quê, especificamente, receamos em relação a sermos nós mesmos e vivermos uma vida autêntica. Nossa capacidade de abordar essas coisas de forma direta, honesta e compassiva nos permitirá superar nossos limites e vivenciar a liberdade que a autenticidade proporciona. Primeiro, porém, temos de ser sinceros sobre o porquê de não falarmos nem vivermos a nossa verdade, a fim de curtirmos a vida de um jeito real.

A criação das nossas *personas*

O conceito de *persona* foi idealizado e popularizado pelo psiquiatra Carl Jung no início do século XX. Segundo Jung, *persona* é a fachada social de um indivíduo – o papel que ele cumpre na vida ou em situações específicas. Cada um de nós possui uma determinada *persona* que foi criada para podermos ser "bem-sucedidos" na vida. Em alguns casos, escolhemos a *persona* de forma deliberada e temos consciência disso. Outras vezes esse processo é mais inconsciente – tanto na criação quanto na perpetuação. Em ambos os casos, nossas *personas* nos ajudam a enfrentar as dores e os dramas da infância, bem como nossos medos e inseguranças, à medida que seguimos pela vida. Entretanto, quanto mais as nossas *personas* vão se desenvolvendo, mais ligados nos tornamos aos papéis que interpretamos na vida, e ser autêntico se torna cada vez mais difícil. É importante identificarmos e nos confrontarmos com nossas *personas*, a fim de vê-las como realmente são: máscaras sociais não autênticas que usamos.

No melhor dos casos, a *persona* pode significar a boa impressão que desejamos exibir aos outros. Mas ela também pode ser a falsa impressão utilizada para manipular as pessoas. Na pior das situações, ela pode ser confundida com a nossa natureza verdadeira, até por nós mesmos. Às vezes acreditamos que somos o que fingimos ser, o que torna impossível sermos verdadeiros.

Aprendendo a sobreviver

Conforme discutimos no Capítulo 1, existem muitas influências externas que nos ensinam de forma direta e indireta como ser e agir na vida – a família, a escola, a religião organizada, a política, a mídia e outros agentes nos enviam mensagens (seja bonzinho, cale a boca, tente ser como os outros, acalme-se, tenha boa aparência e assim por diante) que incorporamos e tentamos compreender enquanto crescemos e evoluímos na vida. Devido ao fato de que grande parte do que aprendemos e a forma com que aprendemos são baseadas em noções autênticas e ideias superficiais, e fomos educados por outras pessoas que também lutam para serem elas mesmas, cada um de nós deve descobrir qual a melhor forma de sobreviver em situações e circunstâncias específicas das nossas vidas. Muitas pessoas inventam "sucessos pessoais" quando crianças, na escola, e, à medida que avançam rumo à vida adulta, simplesmente se tornam mais capazes de fingir isso do que os outros.

A *persona*, que inicialmente é criada na tenra idade, é uma das mais importantes técnicas de sobrevivência que usamos. Trata-se de como queremos ser lembrados, e não de como realmente somos. Desenvolvemos essa *persona* a fim de obter amor, atenção, ou fazer com que as pessoas gostem de nós – nossos pais, irmãos, professores, amigos e outros. À medida que crescemos e nos desenvolvemos, nossas *personas* podem se modificar ou mudar (embora seja comum elas permanecerem mais ou menos constantes), mas os elementos-chave e os objetivos finais são os mesmos: esconder quem realmente somos e tentar conseguir o que queremos. Tudo isso é uma parcela conveniente e importante para o nosso desenvolvimento como seres humanos. Não há nada de "errado" em exibirmos uma *persona*. Entretanto, à medida que evoluímos e queremos alcançar novos patamares de sucesso e realização na vida, normalmente temos de nos confrontar com nossas *personas* de forma mais autêntica, para podermos seguir além dos limites delas e nos tornarmos quem realmente somos.

Joe, um dos meus clientes, é um sujeito muito engraçado. Ele faz todo mundo rir e tem um maravilhoso senso de humor. Entretanto, reconhece que algumas vezes, quando se assusta com alguma circunstância, não quer lidar com ela, ou se estiver em uma situação desconfortável, solta um monte de piadas, em uma reação automática. Diz que começou a agir desse modo quando ainda era criança porque, com muitos irmãos e um completo caos em casa, era assim que ele conseguia aguentar quando as coisas ficavam difíceis, apavorantes ou dolorosas durante seu crescimento. O senso de humor de Joe, que pode ser verdadeiro e autêntico em algumas ocasiões, outras vezes é apenas parte da sua *persona*, o fardo de ser sempre o "cara engraçado" em todas as circunstâncias, especialmente como um modo de encobrir o medo, a insegurança ou outros sentimentos verdadeiros que possam torná-lo vulnerável. Ao longo do trabalho que desenvolvemos juntos, Joe foi capaz de identificar mais profundamente os aspectos da sua *persona*, como esse humor nato, e, a partir dessa percepção aprofundada, ele passou a ter a opção de ser engraçado de um jeito mais autêntico e verdadeiro, sem *precisar* ser engraçado como defesa contra a ansiedade e a inadequação.

Lidando com a dor

Meus pais se separaram quando eu tinha 3 anos. O transtorno bipolar de meu pai e algumas questões e conflitos arraigados entre ele e minha mãe provocaram o fim de seu casamento de dez anos. Estávamos em 1977. Minha mãe tinha sido criada, nos anos 1940 e 1950, como uma boa garota católica em uma cidadezinha de Rhode Island. Imagino que uma das últimas coisas que desejava na vida era virar mãe e pai de duas crianças pequenas, mas foi o que acabou acontecendo. Mamãe já não trabalhava fora havia mais de oito anos quando ela e meu pai se separaram, e isso foi um dos pomos de discórdia no casamento – ela queria voltar a trabalhar de imediato e meu pai queria que ela ficasse em casa. Por fim, por decisão de minha mãe, eles terminaram o relacionamento, pois mesmo as coisas não estando bem entre eles, meu pai não queria ir embora. Minha mãe defendeu sua posição e, embora certamente estivesse apavorada, fez o que julgou melhor para ela e para os filhos, ao pedir que meu pai saísse de casa.

Ao longo dos anos que se seguiram, as coisas pareciam desafiadoras e apavorantes em nossa casa. Eu não compreendia o porquê de meus pais não estarem mais juntos. Meu pai se mudou para um apartamento a poucos quilômetros de nossa casa em Oakland. Era divertido visitá-lo, mas era também perturbador. Eu sabia que minha mãe e Lori, minha irmã mais velha, estavam chateadas, assim como meu pai, mas não percebia por completo o que estava acontecendo.

Em 1979, depois de algumas tentativas malsucedidas de reconciliação por parte do meu pai, ficou claro para ele e para mim que o casamento não iria ser retomado. Meu pai se mudou para o outro lado da baía, mais perto de São Francisco, onde trabalhava como locutor em uma rádio. Embora fôssemos visitá-lo a cada dois fins de semana, as coisas começaram a piorar e ele foi se tornando mais zangado e melancólico. Em 1981, ele se tornou vítima de uma profunda depressão. Quando o ano de 1982 raiou, ele havia perdido seu emprego e seu apartamento. Ao longo dos cinco anos que se seguiram, ele entrou e saiu de casas improvisadas, hospitais, hotéis e outros locais estranhos –

muitas vezes ficávamos meses sem saber onde ele morava e não sabíamos se ele estava bem.

Nem é preciso dizer que isso foi muito doloroso para mim e para minha irmã, bem como para minha mãe – que lutava para fazer o dinheiro render até o fim do mês e cuidava de nós sem nenhum apoio do meu pai, nem financeiro e nem de qualquer outro tipo.

Isso tudo teve um impacto muito significativo no meu desenvolvimento quando menino. Grande parte da minha *persona*, como acontece com muitos de nós, foi criada nos primeiros anos da minha vida. Apesar de eu não estar plenamente consciente disso na época, o fato é que, com a saída de meu pai de casa e com toda a dor e a incerteza que se seguiram para mim e para minha família, eu tomei algumas decisões e comecei a agir de forma a tentar compensar as coisas para nós, tanto em casa quanto na escola. Assumi a tarefa de fazer os outros felizes – minha família e meus amigos. Além disso, decidi que, a fim de tornar as coisas melhores para todos, iria vencer na vida, alcançar muitas vitórias e realizações. Muito do meu foco na escola e, mais tarde, nos esportes, era ser o "melhor" e sempre alcançar o nível mais elevado que eu conseguisse. Achava que se eu pudesse ser bem-sucedido o bastante, talvez isso fizesse com que as coisas melhorassem para mim e para minha família. Talvez eu conseguisse ajudar a levar para longe a dor e a vergonha que eu e minha irmã sentíamos por causa do divórcio dos nossos pais, dos problemas financeiros em nossa casa e dos problemas psicológicos de meu pai.

As pessoas que são criadas em famílias mais tradicionais (ou seja, sem divórcios, sem "disfunções" externas ou coisas desse tipo), ou aquelas que, na superfície, parecem ser "saudáveis" ou "normais", muitas vezes precisam lidar com muita dor não expressada – abusos ocultos, casos de infidelidade que nunca são encarados, emoções inesperadas, falta de comunicação e muitos outros problemas.

Em alguns casos extremos, as pessoas chegam ao ponto de criar uma *persona*, como já abordamos aqui e, na verdade, inventam o que se conhece, em psicologia, com o nome de "falso eu". Esse conceito, popularizado em meados do século XX pelo psicanalista Donald Winnicott, é muitas vezes associado a pessoas que passaram por grandes traumas durante a infância e que desembocaram em estados de abuso ou de abandono. A elaboração do "falso eu" é vista como um mecanismo de defesa criado para proteger uma pessoa do trauma e do abuso em sua vida. Aqueles que exibem versões extremas desse "falso eu" podem ser literalmente patológicos ou estar completamente fora de contato com a realidade.

Embora tudo isso possa existir de forma contínua a partir de uma *persona*, de certo modo benigna, e evoluir até um "falso eu", que é debilitante e insano, todos nós já inventamos maneiras falsas de ser e de agir na vida, a fim de sobreviver, de lutar com a dor ou seguir em frente. Essas maneiras falsas de ser e de agir têm um impacto gigantesco nas nossas vidas, nos nossos relacionamentos e na nossa capacidade (ou, na maior parte das vezes, na nossa incapacidade) de sermos autênticos.

Compensação por algo que achamos que nos falta

Criamos uma máscara pública ou uma identidade para esconder o que não queremos que as pessoas vejam em nós. É como colocar maquiagem no rosto. Queremos que nossas *personas* escondam as manchas que julgamos ter como seres humanos. Porém, o problema é que isso nunca funciona. Quando vivemos e agimos exclusivamente dentro dos parâmetros da nossa *persona*, mesmo que sejamos capazes de alcançar o que julgamos ser um bom resultado, um relacionamento satisfatório ou uma situação positiva na vida, isso reforça nossa insegurança. Quanto mais funcionamos como as nossas *personas*, mais nos levamos a acreditar que a pessoa que somos, naturalmente, não é boa o bastante.

Alguns dos aspectos das nossas *personas*, dentro e fora delas, quando exibidos de forma autêntica, podem ser positivos. Ser divertido, bem-visto, comunicativo, esperto, carismático, educado, gentil, independente, talentoso, prestativo, criativo, dinâmico, cuidadoso, generoso e entusiasmado, entre outras coisas, pode ser maravilhoso. Entretanto, a fim de termos a liberdade, o poder e a gratificação que nos são proporcionados por essas (e outras) qualidades positivas, devemos possuí-las e expressá-las de modo autêntico, e não usá-las para compensar algo que julgamos errado em nós.

EXERCÍCIO
Compreender e assumir a sua *persona*

Parte 1

Pegue um pedaço de papel ou uma página da agenda. No alto da folha escreva "Minha *Persona*". Leve algum tempo para refletir e escrever coisas a respeito dessa sua *persona*. Que "máscara" você usa em público? Quais as coisas que você acha que precisa fazer ou dizer no trabalho, em eventos sociais e em geral para que as pessoas vejam você de forma positiva e para que não percebam algumas das coisas "ruins" que você não deseja que elas descubram?

Parte 2

Faça uma lista com alguns elementos-chave ou qualidades específicas da sua *persona* que você já identificou e veja se você consegue reconhecer, sem ser muito duro consigo mesmo, o que cada uma dessas características está ocultando. Por exemplo, pode ser que você seja uma pessoa aparentemente "feliz" e "positiva", mas ao olhar para isso a partir de uma nova perspectiva você percebe que essas características, na verdade, escondem alguns sentimentos profundos de raiva, medo e negatividade. Ou pode ser que você seja "independente" e esconda seu medo de ficar sozinho ou a sua incapacidade de confiar nos outros.

Parte 3: Avaliação

O que você descobriu a respeito de si mesmo ao fazer esse exercício? Até que ponto você foi honesto consigo mesmo e com relação à sua *persona*? Como você pode usar mais do que descobriu para se tornar quem realmente é? Reconhecer os aspectos específicos da sua *persona* e então falar a verdade sobre o que você esconde, especificamente, pode ser libertador e pode também torná-lo mais real e verdadeiro.

À medida que nos tornamos mais conscientes das próprias *personas* e somos capazes de reconhecê-las sem condenação, podemos desenvolver compaixão por nós mesmos e, ao mesmo tempo, começar a viver, falar, agir e ser mais autênticos. Nossa capacidade de sermos nós mesmos e de vivermos vidas autênticas está diretamente relacionada com nossa própria percepção de quando e de que modo estamos sendo não autênticos. Uma vez que percebemos e assumimos a responsabilidade pela falsidade, podemos escolher ser mais verdadeiros ou não. Depende de nós, sempre – desde que estejamos conscientes disso e sejamos honestos.

Autocrítica

Muitas pessoas são suas piores inimigas. Gastam muito tempo e energia criticando a si mesmas. Outra das principais razões para termos dificuldades em ser como somos e não sermos autênticos é que julgamos ter falhas ou, no mínimo, julgamos precisar de muitas melhorias. A autocrítica é uma das mais generalizadas e traiçoeiras formas de nos trairmos e sabotarmos.

O "Gremlin"

Todos nós temos um Gremlin pessoal. Você pode já ter ouvido falar dele por outros nomes: crítico interior, ego negativo, voz interna ou algo mais. O Gremlin é a voz das nossas mentes que é formada por todas as críticas e pensamentos negativos que alimentamos a respeito de nós mesmos, regularmente.

Muitos de nós temos grande intimidade com o próprio Gremlin – ele é um companheiro constante e reconhecemos a sua "voz" sempre que a ouvimos. Outras pessoas não conhecem tão bem o seu Gremlin; supõem que os pensamentos e ideias negativas vindos do Gremlin são realmente verdadeiros. Em primeiro lugar, é importante reconhecer, mais uma vez utilizando a compaixão, que cada um de nós possui um Gremlin. Em segundo lugar, é importante, para cada um de nós, criar um relacionamento com o nosso Gremlin, de tal forma que ele não comande mais a nossa vida.

Se você deseja ficar cara a cara com o seu Gremlin e ouvir o som dele, simplesmente preste atenção à vozinha dentro da sua cabeça quando você planeja fazer algo novo ou diferente, quando se vê em uma situação pouco familiar, quando está em busca de algo que lhe pareça realmente importante ou quando está prestes a correr algum tipo de risco – grande ou pequeno. Em muitos casos, o seu Gremlin está bem do seu lado, criticando você, apontando suas fraquezas, lembrando que você pode falhar, deixando você constrangido e, de modo geral, sabotando a sua capacidade de agir com confiança.

Infelizmente, muitos de nós abrimos mão do poder e, por fim, das próprias vidas em benefício dos nossos Gremlins. Eles não estão muito interessados no nosso sucesso ou na nossa felicidade, têm interesse apenas na nossa sobrevivência no momento presente. Nossos Gremlins muitas vezes fazem perguntas e dizem coisas do tipo:

- "Você não pode fazer isso."
- "Quem você pensa que é?"
- "Todos vão rir de você."
- "Lembra da última vez em que você tentou fazer algo desse tipo e do problemão que resultou disso?"
- "Por que você sempre diz e faz coisas tão idiotas?"
- "Isso é muita areia para o seu caminhãozinho."

Essas perguntas desafiadoras, declarações acusatórias, negativas e outras desse tipo são inspiradas pelo nosso Gremlin o tempo todo. Enquanto você lê tudo isto, sei que consegue avaliar o impacto negativo do seu Gremlin na sua vida, na sua autoestima, nos seus objetivos, no seu sucesso e, mais especificamente, na sua capacidade de ser você mesmo. O seu Gremlin não quer que você usufrua de uma vida autêntica, nem que você expresse a sua verdade e as suas emoções reais; ele não quer que você corra atrás do que deseja nem celebre quem você é. Ele se alimenta da sua autocrítica, das suas dúvidas e limitações autoimpostas.

Não somos bons o bastante

A mensagem básica que recebemos dos nossos Gremlins, e que muitos de nós vivenciamos ao longo da vida, é que *não somos bons o bastante*. Essa ideia de que não somos bons o bastante é terrivelmente nociva e dolorosa, e para muitos se tornou uma crença arraigada a respeito de nós mesmos e também a fonte de motivação para muitos aspectos de nossas vidas (até para o seu desejo de aprender mais, crescer, pegar um livro desses para ler e outras coisas). Mesmo assim, apesar de difícil, ela também é uma das experiências mais universais para os seres humanos. Apesar de alguns de nós sentirmos e acharmos que não somos bons o bastante com mais intensidade do que outros, pouquíssimas pessoas conseguiram superar por completo esse tipo de pensamento e sentimento. Embora não costumemos admitir abertamente que não nos sentimos bons o bastante em várias áreas de nossas vidas, isso aparece em muitas das coisas que dizemos ou fazemos, ou nas coisas que escolhemos não dizer nem fazer.

Por exemplo, Rich me contratou para treiná-lo com um fim específico: tornar-se um líder mais eficiente. Ele já tinha passado muitos anos trabalhando como um bem-sucedido agente de seguros e era um profissional altamente qualificado. A empresa para a qual trabalhava reconheceu o seu sucesso e lhe ofereceu seu primeiro cargo de liderança. Em pouco tempo ele já chefiava uma equipe de dez pessoas e supervisionava um escritório com quase quarenta funcionários. Estava empolgado pelo desafio do seu novo cargo, mas sentia-se sobrecarregado pela responsabilidade que assumira, além da responsabilidade que já tinha em casa, com sua esposa e seus dois filhos. Nos primeiros meses depois de começarmos a trabalhar juntos, ficou claro que o principal problema de Rich não tinha a ver com liderança, gerenciamento de tempo ou controle de estresse – coisas sobre as quais ele lia em revistas populares que devorava e a respeito das quais me consultava constantemente. Seu principal desafio era estar convencido que não era bom o bastante. Não importava o que acontecesse, ele nunca parecia satisfeito consigo mesmo.

Quando eu o confrontei com isso e sugeri que ele levasse algum tempo avaliando o que ia bem em sua vida e, por fim, lhe pedi que me enumerasse as coisas nas quais se achava bom, Rich teve poucas coisas a relatar. No entanto, sempre que relatava seus problemas, seus desafios e as áreas nas quais julgava que poderia melhorar, ele não parava de falar. Rich me disse, certo dia: "O que me torna bem-sucedido na vida é o fato de eu querer sempre melhorar meus pontos fracos. Foi isso que me trouxe até onde eu estou e é disso que preciso para permanecer no topo."

Concordei com Rich que se ele melhorasse o desempenho em certas áreas nas quais não se considerava muito forte, isso certamente seria ótimo para ele, como é ótimo para todos nós enquanto crescemos e evoluímos ao longo da vida. Entretanto, se a sua crença fundamental é a de que não somos bons o bastante e existe algo inerentemente errado conosco, como acontece com Rich e muitos outros, não importa o quanto nós melhoramos ou o que alcançamos na vida, isso nunca será o bastante e sempre servirá para reforçar nossos sentimentos de inadequação.

O progresso e o sucesso que Rich alcançou em nossas sessões de treinamento, bem como na vida e na carreira, tiveram muito menos a ver com ele "superar" suas fraquezas e mais com ele perceber a própria tendência de achar e sentir que não era bom o bastante, para depois, de forma lenta porém determinada, passar a prestar mais atenção ao que estava fazendo bem, reparar nas suas habilidades, nos seus talentos e nas coisas que apreciava em si mesmo. Ele se tornou mais honesto e verdadeiro a respeito das suas verdadeiras forças e fraquezas, e parou de usar seu medo da inadequação como fonte de motivação – algo que muitos de nós fazemos de forma inconsciente.

Um jeito simples de isso aparecer em nossas vidas de forma regular está nas expectativas e nas exigências que colocamos sobre nós mesmos a respeito de como "deveríamos" ser. Algumas pessoas chamam isso de síndrome do "ah, se eu fosse assim...". O que normalmente se esconde sob esse sentimento de "eu devia ser desse jeito", para mim e para todas as pessoas que conheço e também aquelas com as quais trabalho, é o sentimento de que não somos bons o bastante do jeito que somos, e que até fazermos todas as coisas ou sermos de todos os jeitos que *deveríamos*, não estaremos bem.

EXERCÍCIO

Eu deveria...

Parte 1

Pegue um pedaço de papel ou uma folha do seu caderninho de anotações. No alto da folha escreva "Eu deveria...". Reflita durante algum tempo e faça uma lista de todas as coisas que você gostaria de ser ou de fazer, ou como deveria ser na vida neste exato momento e não é. Por exemplo: "Eu deveria ter mais paciência", "Eu deveria dormir mais", "Eu deveria ser mais organizado", "Eu deveria comer comidas saudáveis e me exercitar com mais regularidade", "Eu deveria ficar mais tempo em companhia das pessoas que eu amo" e assim por diante.

Parte 2

Leia a sua lista e assinale os PRINCIPAIS PONTOS, os cinco "eu deveria" que mais lhe chamaram a atenção.

Parte 3: Avaliação

Quanto tempo e energia você gasta pensando sobre o que deveria fazer ou achando que não é bom o bastante? Por mais que seja muito ou pouco, é importante reconhecer e assumir isso, pois essa é uma das muitas formas traiçoeiras que nos impedem de ser quem realmente somos. Embora alguns dos itens da sua lista dos "eu deveria" possam representar coisas que são importantes para fazer, ou formas de ser, quando nos relacionamos com elas a partir unicamente dessa perspectiva, nos envergonhamos e reforçamos os sentimentos de inadequação, os quais, apesar de serem compreensíveis e incentivados por muitas pessoas e influências à nossa volta, não são formas saudáveis nem produtivas de nos motivarmos.

Comparando nós mesmos com os outros

Outra coisa importante que fazemos e que nos impede de ser quem somos e viver com autenticidade é nos compararmos o tempo todo aos outros – às pessoas à nossa volta, às que aparecem na TV e nas revistas, e até a nós mesmos no passado (isto é, sentindo que não somos mais tão bons quanto costumávamos ser, algo contra o qual eu, por exemplo, luto o tempo todo).

Vivemos em uma sociedade competitiva. Desde crianças aprendemos a competir com nossos irmãos, colegas de sala, amigos e outros. A maioria de nós também aprende, desde cedo – e também à medida que cresce – que ser melhor do que os que estão à nossa volta é um jeito infalível de ser bem-sucedido e de estar bem consigo mesmo. Desse modo, muitas vezes definimos nosso sucesso ou fracasso com base no sucesso relativo ou nas falhas dos que estão à nossa volta (ou, em outras palavras, em como atendemos a esses padrões).

Em setembro de 1995 eu estava em casa depois do meu primeiro verão jogando beisebol nas categorias de base. Tinha sido convocado em junho e jogara meus primeiros três meses de beisebol, como profissional, para duas ligas filiadas ao Kansas City Royals. Um dos meus amigos, Jeremy, que estava dois anos à minha frente na faculdade e tinha sido meu colega em Stanford, fora convocado para a Liga da primeira divisão naquele mês de setembro, como arremessador, jogando para o time dos Chicago White Sox. Fiquei muito empolgado quando soube que eles vinham a Oakland para jogar a série A e Jeremy fora escalado como arremessador. Ele me conseguiu ingressos e eu fui ao jogo. Jeremy não estava num dos seus melhores dias e os Sox acabaram perdendo a partida, mas eu me senti absolutamente empolgado por vê-lo ali, um velho colega e amigo que se apresentava na minha cidade em um jogo da primeira divisão – ainda mais no Oakland Coliseum, onde eu assistira a tantos jogos memoráveis nos meus tempos de criança.

Depois do jogo eu fui ao hotel onde o time estava hospedado, a fim de me encontrar com Jeremy e sua noiva no bar, para tomarmos uns drinques e batermos papo. Ao chegar lá, os dois me pareceram muito abalados. Quando começamos a conversar, deu para perceber que o desempenho de Jeremy e o resultado final do jogo tinham deixado ambos muito chateados. Como eu era um jogador de beisebol muito competitivo e, assim como ele, um arremessador, conseguia entender o fato de Jeremy se sentir desapontado e frustrado depois de uma derrota. Só que, para mim, era tão empolgante que Jeremy estivesse jogando na primeira divisão e tivesse a oportunidade de atuar na série A que não entendi o porquê de ele se mostrar tão chateado. Conforme a conversa foi rolando, percebi que tudo era relativo e que, do mesmo modo que eu me sentia chateado depois de um jogo ruim – no colégio, na faculdade ou nas divisões de base –, quando passamos a maior parte do tempo e dedicamos toda a nossa atenção às competições e às comparações (e é isso que os esportes e a nossa cultura representam), o nosso sucesso e o modo como nos sentimos a respeito de nós mesmos são quase sempre determinados pelo quanto nossa atuação é boa e pela forma como nos saímos em comparação aos outros.

Por ironia, ao continuarmos a conversar naquela noite, no bar, comentei com Jeremy o quanto era fantástico ele ganhar tanta grana. Na época, o salário mínimo para jogadores da primeira divisão era 109 mil dólares por ano. Ao longo de uma temporada, isso representava mais de 14 mil dólares por mês, ou 7 mil dólares a cada contracheque quinzenal. Para um cara de 23 anos, formado há menos de dois anos e já arremessando em um time da primeira divisão, aquilo era muita grana, ainda mais para mim, que nunca vira tanto dinheiro na vida e acabara de terminar minha primeira temporada no beisebol profissional, com um salário de 850 dólares por mês. A resposta de Jeremy me surpreendeu. Ele disse:

– Mas o meu salário não é tão grande assim.

– Você acha mesmo? – retruquei.

– Quando você convive com caras que ganham de 4 a 5 milhões de dólares por ano e curtem um estilo de vida milionário, tudo ganha uma perspectiva diferente – ele me explicou.

Mais uma vez percebi que tudo é relativo. Enquanto eu estava ali, louco para estar no lugar de Jeremy, um lançador canhoto que estava exatamente onde eu gostaria de estar – jogando na primeira divisão –, ele, provavelmente, admirava outro colega de time que ganhava uma nota preta, já se estabelecera como titular e no lugar de quem ele gostaria de estar. Era como se eu estivesse falando com um garoto do ensino médio que adoraria estar no meu lugar, com uma bolsa em Stanford e jogando no Kansas City Royals, nas divisões de base. Quando nos comparamos aos outros e definimos quem somos com base unicamente nas pessoas que estão à nossa volta, não só acabamos perdendo como ficamos sem noção verdadeira de quem somos, do que é importante ou qual o valor exato do nosso talento, sucesso e singularidade.

Outro exemplo interessante disso em nossa cultura atual é a obsessão pela fama e pela fortuna. As coisas acontecem conforme discutimos no Capítulo 1, quando falamos da influência da mídia, da fascinação generalizada por fofocas de celebridades e das histórias sensacionalistas a respeito de gente famosa. O surgimento da era da informação e os meios com que as pessoas mais jovens conseguem alcançar fama e fortuna se intensificaram nos últimos anos. 81% das pessoas entre os 18 e os 25 anos entrevistados em uma pesquisa do Pew Research Center em 2007 afirmaram que ficar rico era o primeiro ou o segundo objetivo mais importante de suas vidas; 51% disseram o mesmo a respeito de ser famoso. Infelizmente, muita gente em nossa cultura, independentemente da idade, acha que se conseguirmos ficar famosos ou, pelo menos, ricos, seremos felizes e realizados. Mesmo com os milhares de exemplos que provam o contrário, muitos de nós prendemos a respiração, esperando pelo dia em que "chegaremos lá", e então as coisas vão começar a dar certo para nós, trazendo-nos a felicidade. Enquanto isso, continuamos a reforçar a sensação de que a pessoa que somos não é tão boa quanto as que estão à nossa volta, e isso se torna mais um obstáculo no caminho de sermos nós mesmos.

Criticando nossos corpos e nossa aparência

Nossos corpos são uma área específica na qual muitos de nós lutamos para aceitar e apreciar quem e como somos. Muitos, inclusive eu, são supercríticos sobre como parecem e o tamanho, o formato e a aparência dos seus corpos. Ao longo da vida, boa parte da minha dor e depreciação teve a ver com o fato de me sentir feio, imperfeito ou simplesmente inferior, fisicamente. Vivemos em uma cultura obcecada pela aparência e pela "perfeição do corpo". Apesar de não haver nada de errado com o desejo de cuidar de nós mesmos e de parecer bem fisicamente, acho que muitas pessoas exageram nisso. Esquecemos que a nossa capacidade de apreciar nossos corpos e nos sentirmos bem a respeito da nossa aparência não é baseada no quanto pesamos, na nossa altura, no tamanho de certas partes do nosso corpo, na aparência da nossa pele, na quantidade de cabelos que temos sobre a cabeça (uma preocupação grande para mim, ultimamente) ou qualquer outra coisa. Tem a ver com como nos *sentimos* a respeito dos nossos corpos e da nossa aparência.

Nenhum corpo é perfeito. Todos os corpos se modificam com o tempo. Não devíamos esperar a mesma aparência dos 20 ao chegarmos aos 40 anos, ou o corpo de 45 ao chegar aos 65. Os distúrbios alimentares são um triste exemplo disso. As desordens tais como a anorexia nervosa, a bulimia e o desejo de comer de forma compulsiva estão se tornando cada vez mais comuns nos países ocidentais. De acordo com estimativas do Instituto Nacional de Doenças Mentais, entre 5% e 10% das meninas e das mulheres (5 a 10 milhões de pessoas) e 1 milhão de meninos e homens sofrem de desordens alimentares. As estimativas sugerem que mais de 15% das mulheres jovens adotam atitudes e comportamentos pouco saudáveis com relação à comida. Além disso:

- Em torno de 10% das estudantes de faculdade sofrem de algum distúrbio alimentar em nível clínico ou subclínico (ponto limite).
- Cerca de 1% das mulheres americanas comem demais e tomam purgantes para perder peso.
- 15% das mulheres jovens têm alguma atitude ou comportamento significativo que indica distúrbios alimentares.
- Estudos sugerem que 5% a 10% das pessoas com anorexia ou bulimia são homens.
- Estima-se que uma em cada três pessoas que fazem dieta desenvolve comportamentos e atitudes que indicam dieta compulsiva.
- Diariamente os americanos gastam cerca de 109 milhões de dólares com dietas ou produtos dietéticos.

Essas estatísticas preocupantes nos mostram a natureza nociva amplamente difundida desse tipo específico de autocrítica. Esses números abordam aqueles que chegaram a extremos e desenvolveram distúrbios alimentares reais, mas não abordam as questões menos significativas que muitos de nós enfrentamos com relação aos nossos corpos, aparência e percepção de nós mesmos. Ser críticos com nossos corpos e com nossa aparência é mais um jeito de nos diminuirmos, acharmos que não somos bons o bastante e nos mantermos distantes de ser quem realmente somos.

VEJA ISTO
Estatísticas a respeito de procedimentos cosméticos

Foram realizados quase 11,7 milhões de procedimentos cosméticos cirúrgicos e não cirúrgicos nos EUA em 2007, conforme relato da Associação Americana de Cirurgia Plástica e Estética. Desde 1997, houve um aumento de 457% nos procedimentos cosméticos (que eram apenas 2,1 milhões em 1997).

- 56% das mulheres aprovam cirurgia cosmética.
- 57% dos homens aprovam a cirurgia cosmética.

Medo

A terceira e, provavelmente, mais importante razão pessoal para a autenticidade ser tão difícil para nós – além das nossas *personas* e da autocrítica – é o medo.

Quando chegamos ao cerne da questão, a razão pela qual muitos de nós não dizemos ou fazemos o que é verdadeiro para nós é o fato de estarmos apavorados. Geralmente nos preocupamos com a possibilidade de fracassarmos, sermos rejeitados, decepcionamos os outros, sermos julgados e muito mais. Ironicamente, nos preocupamos muito, também, com o sucesso.

Vamos dar uma olhada em alguns dos medos específicos e de como eles nos impedem de sermos nós mesmos. Enquanto analisamos esses pontos, pense nos medos reais que você tem quanto a ser completamente autêntico. Todos nós temos medos, especialmente quanto a sermos verdadeiros. Quanto mais honestos e atentos estivermos em relação aos nossos próprios medos e bloqueios, mais facilmente conseguiremos superá-los.

Fracasso

Só de ouvir a palavra *fracasso* já sentimos um friozinho na espinha. Se você é parecido comigo, com a maioria das pessoas que conheço ou com muitos dos meus clientes, provavelmente não gosta nem um pouco de fracassar. Muitos de nós já passamos por muitos fracassos na vida, e alguns foram dolorosos, decepcionantes e difíceis de engolir. Infelizmente, à medida que seguimos pela vida, muitas vezes abrimos mão do nosso poder, paixão e autenticidade pela derrota ou, mais especificamente, pelo nosso medo da derrota. Muitos de nós somos apavorados demais para falar ou fazer as coisas que são mais verdadeiras e importantes para nós simplesmente porque não estamos certos sobre seu resultado final.

Michael Jordan disse: "Eu errei 100% dos arremessos que não tentei." Apesar dessa grande frase poder ser usada como inspiração e nos motivar a assumir atitudes corajosas, muitos de nós escolhemos não fazer o arremesso, mostrando que o medo de errar e o impacto que isso acarreta é mais importante do que o sucesso no arremesso em si.

Quando eu preparava este novo livro, comecei a fazer algumas perguntas específicas às pessoas à minha volta – amigos, familiares, clientes e outros. Uma das perguntas específicas que fiz foi: "Pense num momento da sua vida em que você 'jogou para o alto' a sua verdade mais profunda e não fez ou disse o que realmente queria fazer ou dizer... O que o impediu e qual o impacto disso em você e na sua vida?"

As respostas que consegui para essa pergunta foram fascinantes, honestas e esclarecedoras. Um dos temas mais recorrentes nas respostas foi o medo. Em uma delas, Steve, um dos questionados, afirmou:

> Fui aceito em um curso de doutorado. Meus amigos se reuniram e prepararam uma festa de despedida para mim. No dia em que eu deveria ir embora, não fui. O medo invadiu minha vida de um jeito tão terrível que me paralisou e eu inventei mil desculpas e mentiras sobre não conseguir abandonar amigos e parentes etc. A verdade é que eu me deixei levar pelo medo de tocar a vida em frente e fazer o que eu sempre havia sonhado. Simplesmente deixei a bola cair da mão devido ao medo das mudanças e do que elas poderiam trazer.

O medo do fracasso pode nos paralisar e nos impedir de ir em frente, tornando-nos incapazes de dizer ou fazer o que sabemos ser verdadeiro em nossos corações. Como e quando o seu medo de falhar o fez abrir mão do que você acha importante? De que modo o seu medo de falhar afeta você e sua habilidade de ser autêntico neste exato momento?

Sucesso

Por mais que tenham medo do fracasso, muitas pessoas, ironicamente, têm ainda mais medo do sucesso. Embora o medo do fracasso seja mais óbvio, o medo do sucesso é um pouco mais complexo. Nossos motivos para sentir medo do sucesso podem ser variados: não apreciar a responsabilidade extra (que é necessária para criar e manter o sucesso, bem como as expectativas do que as pessoas esperam de nós); não querer abrir mão da nossa luta, do nosso estresse e da nossa negatividade (embora reclamem dessas coisas, muitas pessoas, secretamente, curtem fazer um drama e sentir pena de si mesmas); preocupação de que talvez os outros não gostem mais de nós (pois todo mundo adora debochar e diminuir os que fazem sucesso, na sociedade moderna).

Nosso medo do que pode nos acontecer, do que as pessoas podem falar a nosso respeito ou do quanto as coisas se modificarão na nossa vida e nos nossos relacionamentos caso alcancemos o sucesso verdadeiro, muitas vezes nos impede não só de correr atrás dele, mas também de dizer e fazer as coisas que realmente desejamos. Pense nas ocasiões em que você, consciente ou inconscientemente, sabotou o próprio sucesso porque ficou apavorado ou se preocupou com a pressão e as expectativas que começavam a aumentar. Pense também nas vezes em que não compartilhou algo do qual tinha orgulho de ter alcançado; ou não admitiu visar algum objetivo ou ter algum talento por achar que os outros poderiam se sentir mal; ou se viu colocado na berlinda, com a obrigação de "brilhar" e se descobriu nervoso. Nosso medo do sucesso muitas vezes é mais difícil de ver que o medo do fracasso, mas é igualmente debilitante com relação à nossa capacidade de sermos autênticos e correr atrás do que realmente desejamos.

Rejeição

Creio que o maior medo que temos, como seres humanos, é o medo de ficarmos sozinhos – sem ninguém que nos ame, cuide de nós ou esteja ao nosso lado. Como resultado do medo fundamental da solidão, temos muitos medos intensos de rejeição em relacionamentos, nos negócios e na vida. Muitas vezes pensamos no que faremos, no que diremos e, especificamente, no que exigiremos dos outros, com base no nosso medo da resposta. Devido a isso, muitas vezes não dizemos o que realmente queremos, não pedimos o que realmente desejamos e interagimos com os outros de forma inautêntica.

Nosso medo de rejeição é tão forte que não telefonamos para clientes em potencial, não convidamos as pessoas com as quais estamos interessados em sair, não dizemos à nossa mulher ou ao nosso marido o que gostaríamos de ganhar de presente, ou o que queremos na cama, entre muitas outras coisas. Somos tão sensíveis e inseguros quanto à rejeição que nos preocupamos em rejeitar os outros e acabamos fazendo e dizendo coisas esquisitas como: "O problema é comigo, não com você", ao acabar um relacionamento.

Outra grande resposta à minha pergunta veio de um cliente chamado Blake:

> Um arrependimento imenso que eu tenho foi o de ter terminado um relacionamento com uma ex-namorada de forma equivocada. Já estávamos saindo há pouco mais de um ano e eu resolvi terminar com ela por telefone. Minha ideia era que seria mais simples e fácil fazer isso do que voar até a cidade onde ela morava. Talvez realmente me parecesse mais simples por telefone, mas não me senti à vontade ao fazê-lo e me senti terrível depois. Eu lhe devia, no mínimo, um encontro frente a frente, e esse foi um dos meus grandes erros. Apesar de achar que o nosso namoro não iria muito longe mesmo, a forma como terminei o relacionamento não me pareceu autêntica e foi uma clara demonstração de covardia. Eu me arrependo disso desde aquele dia. (Creio que ela me odeia até hoje e não acho que esteja errada.)

Nosso medo de sermos rejeitados ou nos sentirmos desconfortáveis faz com que modifiquemos nossas palavras e atos, evitemos riscos e tentemos manipular pessoas e situações para conseguirmos o que queremos, sem ter de fazer, dizer ou pedir nada que possa resultar em uma rejeição que nos magoará.

Decepção

O outro lado do nosso medo de rejeição, muitas vezes, é o medo de decepcionar outras pessoas, deixando-as tristes.

Isso também está diretamente ligado ao nosso medo do fracasso e do sucesso. A questão é que costumamos nos preocupar muito em não desapontar as pessoas que estão nas nossas vidas, e isso é tão forte que altera o que dizemos e fazemos, e pode contribuir para nosso jeito inautêntico de ser.

Pouco antes de eu conhecer minha esposa Michelle, namorei uma mulher maravilhosa chamada Elizabeth. Embora Elizabeth e eu estivéssemos namorando havia apenas seis meses, o relacionamento se tornou muito sério, e num tempo relativamente curto. Nos conhecemos em um mês de abril, em São Francisco, onde eu morava na época. Elizabeth morava em Los Angeles. Um ou dois meses depois, já estávamos planejando nos mudar para uma casa (em Los Angeles) e montávamos nosso futuro – casamento, filhos, o pacote completo. Embora tudo estivesse acontecendo muito depressa e eu talvez fosse jovem demais, com 26 anos, aquilo me pareceu o caminho certo e eu estava empolgado. À medida que os meses foram passando, comecei a fazer planos mais concretos de me mudar para Los Angeles e ficar com Elizabeth, porém, alguma coisa começou a mudar. Não consegui identificar exatamente o quê, mas era algo muito claro para mim e para ela.

Elizabeth, que era alguns anos mais velha do que eu, muito inteligente e direta (algo que eu apreciava muito nela), vivia dizendo: "Mike, quando um relacionamento não funciona, é porque uma das pessoas, ou ambas, não estão falando a verdade." Elizabeth tinha razão e, pelo que pude observar, estava sendo honesta comigo a respeito dos seus desejos, preocupações e sentimentos. Eu pensava que também estivesse. No fim do verão, porém, decidi não me mudar para Los Angeles. Elizabeth e eu resolvemos terminar o namoro numa boa.

Em retrospecto, dá para perceber claramente o que aconteceu, embora eu não estivesse totalmente consciente disso na época. Eu ficara muito empolgado com a perspectiva de estar com Elizabeth, passarmos a morar juntos e construirmos um futuro em comum, mas quando a "lua de mel" acabou e a realidade desceu, percebi que não estava pronto e me vi completamente apavorado com o que acontecia e com a velocidade com que as coisas haviam se desenrolado. A princípio, eu não sabia como assumir a responsabilidade de tudo, nem como lidar com o problema de forma direta e comunicar tudo a Elizabeth – ainda mais pelo fato de ter lhe assegurado que estava a fim de seguir com os planos e muito empolgado com o rumo do relacionamento. Conforme ela brilhantemente compreendeu, quando as coisas não funcionam nos relacionamentos é porque uma das pessoas, ou ambas, não percebem a verdade do que está acontecendo ou não estão dispostas a ser honestas a respeito, por medo de desapontar a outra pessoa.

Julgamentos

O "vovô" de todos os nossos medos – especialmente com relação a ser autêntico – é o medo de sermos julgados. O que eles vão pensar de mim? O que irão dizer? Será que continuarão gostando de mim? Será que eu vou continuar enturmado? A maioria de nós tem uma preocupação secreta e acha que se as pessoas descobrissem realmente o que pensamos, no que acreditamos, e conhecessem as nossas visões mais importantes sobre o mundo, além de coisinhas esquisitas e peculiares que pensamos ou fazemos, não iriam mais gostar de nós e nem chegariam perto da gente.

A ironia é que nenhum desses medos é real, obviamente. Porém, embora saibamos disso, continuamos apavorados e fazemos de tudo para evitar sermos julgados.

Aqui vai uma lista das coisas que o medo de ser julgados nos impede de fazer:

- Expressar a nossa verdade.
- Discordar de alguém "importante".
- Lutar pelas coisas nas quais acreditamos.
- Admitir que não sabemos de algum assunto, não compreendemos algo ou não gostamos de determinada coisa da qual deveríamos gostar ou conhecer.
- Assumir riscos.
- Modificar as circunstâncias da nossa vida – carreira, relacionamentos, lugar onde moramos e assim por diante.
- Mudar nossas ideias.
- Fazer coisas que realmente queremos fazer, mas imaginamos que os outros não vão apreciar, compreender ou aprovar.

Esses são apenas alguns exemplos do que não fazemos ou dizemos com medo das reações e dos julgamentos das outras pessoas. De que temos tanto medo? O que há de tão apavorante e que nos deixa preocupados com o que as pessoas vão achar, dizer ou fazer? A maioria das coisas pelas quais sentimos preocupações de sermos julgados pelos outros são as mesmas coisas pelas quais nos julgamos de forma negativa. Nossos Gremlins nos lembram o tempo todo que não somos bons o bastante e vivem apontando as coisas nas quais julgamos ter fracassado. Nossos medos de outras pessoas nos julgarem quase sempre são baseados no que já vemos como fraquezas, coisas que nos afetam. Quando nos preocupamos com a possibilidade de alguém nos considerar egoístas, por exemplo, normalmente já nos julgamos assim no íntimo. Ao nos preocuparmos com a possibilidade de as pessoas não gostarem de nós, estamos reagindo porque, em algum ponto, lá no fundo, já não gostamos de nós mesmos.

Uma visão distorcida do nosso mundo externo é sempre um reflexo do nosso mundo interno. A pessoa cujo julgamento mais nos apavora é o nosso eu. Por ironia, estamos constantemente nos julgando mesmo assim; não há razão para nos assustarmos com isso, pois acontece o tempo todo. Eis aqui o paradoxo do medo do julgamento: achamos que estamos preocupados com o que os outros pensam de nós quando, na verdade, somos mais vulneráveis aos danos provocados pelo que pensamos sobre nós mesmos.

Pontos a ponderar

Ao caminharmos rumo ao Capítulo 3 e aos cinco princípios da autenticidade, é importante tomarmos consciência de tudo aquilo que nos impede de sermos nós mesmos – isto é, o que torna a autenticidade tão difícil, individualmente. À medida que você conseguir reconhecer os próprios desafios com a autenticidade, com a compaixão, com a honestidade, sem julgamentos, será capaz de acessar a sua verdade mais profunda de forma mais eficaz e, ao fazer isso, será mais quem realmente deseja ser na vida, no trabalho e nos relacionamentos.

Como forma de resumir este importante capítulo e a primeira seção do livro, aqui estão alguns pontos para você refletir:

1. Quais são, na sua visão, os maiores obstáculos na sua caminhada para ser uma pessoa verdadeira (sua *persona*, sua autocrítica, seu medo e assim por diante)?
2. Quais são as coisas sobre as quais você é mais crítico, e qual o impacto disso na sua capacidade de ser autêntico (competência, aparência, passado, histórico, educação, status e assim por diante)?
3. Quais são os seus maiores medos com relação ao potencial de se tornar você por completo, expressar sua verdade e correr atrás do que realmente deseja na vida?

Enquanto avalia as possíveis respostas para essas perguntas, você deve ser capaz de ver claramente até que ponto as interpretações pessoais das forças externas e das mensagens na sua vida, e também o seu próprio sistema de crenças, afetam a sua capacidade (ou incapacidade) de ser autêntico.

Perceber e assumir suas próprias incapacidades de ser e de atuar é, na verdade, o que lhe dará acesso a ser uma pessoa mais verdadeira em determinada situação ou relacionamento, e na experiência vivenciada momento após momento ao longo da vida. Seja honesto consigo mesmo.

Tenha compaixão por si mesmo. Isso não é fácil, mas é importante. Saiba que, quanto mais determinado e capaz você estiver de admitir alguns desses desafios pessoais e reconhecer lugares na sua vida em que é inautêntico, mais capaz você será, por sua vez, de se tornar verdadeiro. Agora que encaramos algumas das dificuldades que enfrentamos para sermos nós mesmos de forma honesta, estamos prontos para seguir para os cinco princípios da autenticidade.

Parte II

Os cinco princípios da autenticidade

3

PRINCÍPIO 1

Conheça a si mesmo

"Conhecer os outros é sabedoria, conhecer a si mesmo é iluminação."

Lao Tzu

Os capítulos na próxima parte do livro apresentam os cinco princípios da autenticidade que eu ensino aos meus clientes. Eles formam a base do meu trabalho de crescimento individual que já foi feito com milhares de pessoas e também na minha vida, durante os últimos 15 anos. Esses princípios foram projetados para incentivar percepções e ideias específicas, além de representarem técnicas para você seguir uma vida autêntica, com liberdade e satisfação plena. Os princípios são:

1. Conheça a si mesmo
2. Transforme o seu medo
3. Se expresse

4. Seja corajoso
5. Celebre quem você é

Esses princípios são especificamente projetados para mostrar como se tornar mais verdadeiro nos relacionamentos, no trabalho e na vida. Cada um deles complementa e se soma à ideia do princípio anterior e, juntos, levam você ao verdadeiro poder da autenticidade e transformam sua vida.

Sabendo quem você é

Até que ponto você se conhece? Ou melhor, o quanto você *realmente* se conhece? O primeiro passo essencial da nossa caminhada rumo a uma vida com mais autenticidade é saber quem realmente somos em nossos níveis mais obscuros. Alguns são mais conscientes de si mesmos do que outros. Conhecer a si mesmo, assim como ser autêntico, é um processo que se desenvolve ao longo da vida. Quanto mais determinados formos a respeito disso, mais conseguiremos crescer e evoluir.

O fato de pegar este livro e tê-lo lido até aqui já diz algo sobre quem você é, e também sobre a disposição que você tem de se conhecer melhor. Essa é uma notícia excelente, já que a determinação é um dos mais importantes aspectos do autocrescimento e da descoberta de si mesmo. Entretanto, considerando nossa profundidade, complexidade e evolução constante como seres humanos, nunca será possível alcançar um ponto na vida no qual saibamos *absolutamente tudo* a respeito de nós mesmos. A verdade é que a maioria das pessoas permanece relativamente inconsciente a respeito de si mesma durante boa parte da vida, o que acaba trazendo conflitos e sofrimento para elas e para todos em volta. Nossa meta, portanto, é continuar descobrindo cada vez mais sobre quem realmente somos, enquanto seguimos nosso caminho. Este primeiro princípio, *Conheça a si mesmo*, é uma peça fundamental para ser quem realmente somos e termos a coragem de viver, falar e agir de maneira autêntica.

Autopercepção

Nossa caminhada rumo a uma autenticidade mais aprofundada começa com a percepção que temos de nós mesmos. Existe uma diferença entre saber *a respeito* de si mesmo e estar absoluta e completamente consciente de si mesmo.

Conhecer a si mesmo, apesar de importante, tem muito mais a ver com conteúdo e detalhes e muito menos com sentimentos e percepções verdadeiros. Conseguimos entender quem somos através dos fatos e aspectos sobre quem somos, de onde viemos, o que fizemos no passado, certas qualidades que demonstramos publicamente e assim por diante. Outra maneira de descrever o quanto percebemos de nós mesmos é a "versão da história" que contamos para os outros a respeito de quem somos, bem como da história que contamos a nós mesmos – a qual, conforme já discutimos em profundidade na primeira parte deste livro, muitas vezes são diferentes uma da outra. Em ambos os casos, essas "histórias" não são totalmente verdadeiras, sendo geralmente preenchidas com julgamentos, avaliações, representações equivocadas e crenças sobre quem julgamos ser, quem desejamos ser e quem achamos que deveríamos ser – e não quem *realmente* somos.

Ter a completa consciência de quem somos é olhar para dentro de nós de maneira mais aprofundada. É nos permitir ver a nós mesmos de forma honesta, o que é sempre o primeiro passo para que possamos falar e viver nossa realidade "em alto e bom som" com os outros. Uma boa forma de pensar assim é imaginar que na vida há coisas que estão além do nosso controle ou "acima da linha d'água" (ações que tomamos, nossos hábitos, papéis que desempenhamos e assim por diante), mas também existem coisas que estão "abaixo da linha d'água" (pensamentos, sentimentos, atitudes, crenças, valores, imaginação e muitos outros). Considerando que levamos uma vida baseada e orientada por ações e resultados, focamos mais a atenção naquilo que fazemos, nos atos que realizamos, nos papéis que desempenhamos ou nos hábitos que temos (ou imaginamos que deveríamos ter) – e todas essas coisas estão acima da linha d'água.

Nossas ações são importantes e necessárias, mas grande parte do nosso sucesso genuíno e da realização na vida é criada na parte que fica abaixo da linha d'água, e não acima. Em outras palavras, tudo que é percebido ou que está no mundo físico deve antes se originar no mundo do não visto, o mundo do invisível. Não posso tomar uma atitude, alcançar uma meta, nem mesmo falar algo sem antes pensar, ter uma crença, assumir uma determinada atitude e assim por diante. Todas essas coisas que estão abaixo da linha d'água montam e determinam quem realmente somos. Elas não nos informam, simplesmente, das nossas ações, palavras e papéis na vida; elas determinam tudo isso.

Quanto mais formos capazes de ver e compreender a nós mesmos nesse nível mais profundo (que fica abaixo da linha d'água), mais acesso teremos a sermos livres, abertos e autênticos nos nossos relacionamentos, no nosso trabalho e nas nossas vidas.

Como conhecer a si mesmo de forma mais profunda

Conhecer a si mesmo é um processo evolutivo, e não um fim. Existem, contudo, algumas coisas que você poderá fazer e que lhe proporcionarão maior compreensão e consciência de quem você verdadeiramente é. Aqui está uma lista de algumas coisas importantes que você poderá fazer para se conhecer de forma mais profunda.

1. Preste atenção. Eleve a percepção que você possui de si mesmo, prestando bastante atenção às coisas que fala e faz, como você interage com as pessoas à sua volta, que pensamentos e sentimentos você tem e como tudo isso surge na sua vida. Quanto mais consciente você for de si mesmo, em uma análise objetiva e não crítica, mais será capaz de se conhecer e de se compreender. Veja se consegue observar sua vida ao mesmo tempo em que ela passa. Viva cada momento ao invés de ficar pensando no passado ou se preocupando com o futuro. Isso ajudará você a prestar mais atenção em si mesmo de uma forma saudável.

2. Aprenda a respeito de si mesmo e da sua personalidade. Existem muitas maneiras de aprender mais a respeito da sua personalidade hoje em dia. Há ferramentas que avaliam a sua personalidade, como o teste de *Myers-Briggs*; há também o DISC Profile (Perfil DISC, que avalia o seu *domínio*, a sua *firmeza e a sua conscietização*); há o teste *Strenghts Finder*, criado para avaliar os pontos fortes de cada um, em determinadas áreas; e existe o Eneagrama, uma avaliação específica que pode ser utilizada para propósitos pessoais ou profissionais. Além desses, há muitos outros testes e avaliações que são usados no mundo todo, tanto em nível individual quanto empresarial. Essas e outras ferramentas são uma boa forma de conhecer e compreender algumas das suas qualidades, características, costumes, peculiaridades e tendências.

3. Aprecie os seus pontos fortes. Faça um levantamento das suas qualidades. Quais os dons e talentos que você possui e quais as coisas das quais você se orgulha? Não se trata de uma questão de se gabar nem de ser arrogante, apenas de apreciar quem você é, as qualidades positivas que possui e tudo que você traz de bom para as pessoas à sua volta e para a vida de modo geral. Entrar em contato e ter consciência dos seus melhores atributos e pontos fortes é um aspecto muito importante na busca do conhecimento de quem você realmente é. Quase sempre a maioria de nós possui muitos dons, talentos e pontos fortes aos quais geralmente não dá crédito.

4. Tenha compaixão pelas suas fraquezas. Tente enxergar as suas "fraquezas" e os seus "defeitos" de maneira compassiva. Conhecer os aspectos em que você não é tão bom ou pode melhorar também é muito importante. Entretanto, lembre-se de que o seu Gremlin vai sempre aparecer na área a fim de tentar puxar seu tapete, de um jeito negativo, crítico e intolerante, especialmente se você estiver envolvido em algo novo, quando estiver apavorado, ou até mesmo quando desejar promover mudanças positivas na sua vida. Ser capaz de "pegar leve" consigo mesmo, se lembrar constantemente de que ninguém é perfeito (e esse nem é o seu objetivo, para começo de conversa) ou lembrar a si mesmo que você fez, faz e fará sempre o melhor que conseguir em cada momento da sua vida, poderá lhe proporcionar acesso a uma compreensão abrangente de quem você é, e também lhe trará uma sensação de paz e liberdade, livrando-o do seu velho espírito crítico embebido em negativismo.

5. Aceite a si mesmo. A autoaceitação é um aspecto essencial no processo de descobrir quem você é. Sem querer se fazer de vítima nem encher a história da sua vida de drama, é importante ter o conhecimento dos desafios que você precisou encarar para chegar até aqui, e aqueles que continua encarando no dia a dia. Você poderá usar como parâmetro de avaliação a forma com que lida com tais desafios e a forma como os supera, assim como os pontos fortes e fracos que encontra no decorrer do caminho, sempre vistos de forma positiva. Aceitar você do jeito que é não significa fazer "tudo certo", ignorando ou negando os aspectos principais da sua personalidade, nem se mostrar resignado sob nenhuma forma. Aceitar-se do jeito que você é significa estar em paz consigo mesmo, tanto nas suas partes claras quanto nas suas sombras. A aceitação elimina o sofrimento. Este é um conceito simples na teoria, mas na prática nem sempre é fácil de alcançá-lo. Quando você pratica a autoaceitação, conquista percepção aprofundada e mais apreciação por quem realmente é.

6. Receba feedback. Permita às pessoas próximas que lhe ofereçam retorno sobre o que acham de você – familiares, amigos, colegas de trabalho e outros. Esteja aberto para ouvir o que os outros têm a dizer a seu respeito e peça para todos serem francos e honestos. Para isso é necessário coragem, mas quando você está disposto a escutar e receber o feedback dos outros, obtém uma percepção e uma conscientização mais profundas sobre quem você é, como vai sua vida e como você afeta as pessoas à sua volta, tanto de forma positiva quanto negativa. Uma coisa importante a ser lembrada a respeito desses depoimentos e feedbacks externos é que nenhum deles traz a verdade absoluta, a verdade com V maiúsculo. São apenas opiniões. Para muitos de nós, inclusive para mim, essa parte é muito difícil de lembrar, especialmente se os depoimentos e feedbacks tocam em algum ponto crítico ou negativo para nós. Entretanto, quanto mais feedbacks você obtiver, mais conseguirá ver, ouvir e analisar ângulos e perspectivas que poderão ser úteis na sua busca profunda por si mesmo. É impossível uma pessoa enxergar a si mesma de forma objetiva, ou de se ver pelo lado de fora da sua experiência pessoal. Portanto, esse feedback de terceiros poderá ter um valor inestimável para ela – tanto se trouxer avaliações e reconhecimentos positivos, quanto se levantar sugestões e críticas.

Todos esses fatores são coisas que você poderá trazer para a sua vida de forma constante e regular, a fim de ir conhecendo a si mesmo de forma intensa e precisa. Conhecer a si mesmo é o primeiro e o mais importante aspecto na nossa caminhada rumo à autenticidade mais profunda.

Olhando para dentro de si mesmo

James é um amigo meu que sempre teve uma boa dose visível de sucesso na vida. Veio de família rica, estudou em boas escolas, cuida de negócios prósperos que ele mesmo começou e que vêm crescendo ao longo dos últimos dez anos. Ainda que tenha tido relacionamentos com diferentes mulheres ao longo dos anos, sempre esteve à procura da "mulher da sua vida". Na maior parte dos seus 20 e tantos anos, e até os 30 e poucos, James sempre aparecia acompanhado de uma pessoa que, na sua opinião, não o satisfazia completamente. Com isso, acabava caindo na armadilha da traição ou em outras formas de estragar um relacionamento, depois que "enjoava" da pessoa que estava namorando.

Há alguns anos, James e eu tivemos uma conversa. Fazia tempo que não nos falávamos e, em certo momento, eu perguntei como andava a sua vida amorosa. Ele respondeu: "Bem, eu andei saindo com uma menina chamada Stacy por um tempo. Ela é ótima, reúne todas as qualidades que eu considero importantes. Mesmo assim eu fui me vendo entediado e impaciente com aquele relacionamento, como sempre acontece. Acho que foi nesse momento que a ficha caiu. Talvez o problema seja comigo, e não com as mulheres que eu namoro."

Minha resposta não poderia ser outra: "Você acha?"

Eu estava satisfeito em ouvir aquelas palavras da boca de James. Gostei da sua reflexão e da sua honestidade.

Ele continuou: "Sabe, foi a primeira vez na vida que eu parei para pensar sobre tudo isso e até peguei uns livros sobre relacionamentos e amadurecimento pessoal para ler. Eu e Stacy resolvemos contratar um conselheiro amoroso, alternando sessões separadas e conjuntas. Pensei em situações passadas, analisei a relação com minha mãe e com outras mulheres, como eu me vejo, essas coisas. É desafiante, mas serve para abrir os olhos. Estou aprendendo muito a respeito de mim mesmo e da minha personalidade, e descobri alguns medos relacionados a mulheres e relacionamentos. Eu provavelmente já deveria ter feito isso há muito tempo."

Esse trabalho com o conselheiro fez com que James começasse a falar a verdade, a ser mais sincero, a olhar para seu interior de forma mais autêntica. Ele percebeu que o que havia em comum em todos os relacionamentos era ele, e se empenhou verdadeiramente em fazer com que Stacy não fosse apenas mais uma em sua vida. Ele precisava desse olhar interior. Viu que seus problemas com Stacy e com as mulheres de modo geral tinham muito a ver com uma relação complicada que ele tivera com sua própria mãe. Na cabeça dele, sua mãe nunca estava satisfeita, e nada do que ele fizesse era o bastante para agradá-la. Ele projetava essa falta de satisfação nas mulheres com quem saía, e se protegia de dores e mágoas potenciais mais adiante terminando o relacionamento.

Após trabalhar esse conhecimento interior, ler livros, consultar seu conselheiro, conversar de forma verdadeira com as pessoas, como fez comigo, e resolver as pendências diretamente com sua mãe e com Stacy, James conseguiu mudar alguns padrões do seu relacionamento de forma significativa. James e Stacy se casaram recentemente, e estão baseando o relacionamento em honestidade, autenticidade e crescimento conjunto para alcançar o sucesso. Ainda não dá para afirmar que o romance entre James e Stacy durará para sempre ou que será gratificante para ambos, mas as chances de eles alcançarem a felicidade são grandes, pois estão dispostos a olhar para si mesmos, falar um com o outro de forma sincera e trabalhar juntos para fazer do casamento deles tudo o que esperam.

EXERCÍCIO

Investigação pessoal

Uma das melhores ferramentas que temos para nos conhecer é o nosso poder de investigação. Fazer perguntas a nós mesmos e nos permitir efetuar uma análise aprofundada é sempre uma atitude esclarecedora. Sempre termino minhas sessões individuais ou palestras deixando uma ou duas perguntas para as pessoas ponderarem. A intenção é fazê-las refletir sobre as perguntas, e refazê-las para si mesmas várias e várias vezes, até ver o que surge.

A seguir, há uma lista de perguntas poderosas que você poderá fazer para si mesmo neste momento, ou mais tarde, na hora de dormir ou durante a semana, de forma que você vá se aprofundando no seu interior progressiva e continuamente, chegando até quem você realmente é. Sinta-se à vontade para utilizar uma agenda ou um diário para relatar a experiência, ou então escreva algo sobre os seus pensamentos e planos para agora e para o futuro. Sinta-se à vontade também para discutir as questões com as pessoas que são importantes em sua vida.

- O que você considera mais importante em sua vida?
- Quais as coisas pelas quais você se sente grato?
- Quais são os seus valores mais internos?
- O que mais o motiva nas áreas importantes de sua vida?
- O que mais o preocupa?
- O que lhe traz momentos de alegria?
- Quais são as suas prioridades?
- O que o deixa mais incomodado e aborrecido?
- O que você enxerga para a sua vida?
- Quais os talentos que você possui e deseja compartilhar com os outros e com o mundo?

Opção pelo crescimento

Para que seja possível conhecermos e sermos nós mesmos da forma mais natural e autêntica, acredito que precisamos optar de forma consciente pelo nosso crescimento como seres humanos. Há várias maneiras pelas quais podemos crescer – físicas, mentais, emocionais e espirituais – e diferentes métodos que podemos utilizar. A forma pela qual esse crescimento vai acontecer não é tão importante quanto a nossa intenção de crescer. Na verdade, não faz diferença se corremos atrás disso por meio de livros, aconselhamento profissional, oficinas, arquivos de áudio, religião, ioga, treinamento, meditação, trabalhos com a espiritualidade, aulas, atividades físicas, orações, metafísica, vídeos, ou qualquer combinação de um ou mais dos exemplos citados. Todas essas coisas representam métodos úteis e podem nos possibilitar um aprendizado a respeito do nosso interior, uma cura, uma mudança e, até mesmo, nosso crescimento como seres humanos.

Entretanto, todos esses "métodos" estão no que chamamos de "acima da linha d'água", e sua eficácia só é válida se sentirmos que eles nos dizem alguma coisa e servem para trabalhar conosco, produzindo o crescimento e a transformação que estamos buscando, e esse crescimento se localiza "abaixo da linha d'água", bem no nosso interior. É comum nos prendermos a determinada forma de crescimento, tentando achar o jeito "certo" de alcançá-lo e, em seguida, passar uma imagem positiva de evolução interior para os outros. Aprendi comigo mesmo no passado que isso é uma espécie de armadilha para o ego, e não é tão importante, para início de conversa. O que mais importa aqui é o nosso compromisso com o crescimento, que continuará a evoluir em nossas vidas, assim como as várias formas ou métodos de crescimento que escolhermos utilizar.

As perguntas mais profundas e importantes que devemos nos fazer são:

1. Por que eu quero crescer?
2. O que é importante enxergar, lidar, curar e transformar na minha vida?
3. Como posso criar a melhor condição possível para servir de base para o meu crescimento? Onde ele poderá receber todo o apoio de que precisa até se realizar por completo?

Por que desejamos crescer?

Outra coisa essencial é enxergar o motivo pelo qual desejamos atingir o crescimento. Em grande parte dos casos, o desejo inicial pela mudança vem de circunstâncias ou reações que nos fazem pensar que estamos "mal" ou que existe algo de errado conosco que precisa ser corrigido. Apesar de essa ser uma motivação inicial muito comum, se com o passar do tempo isso continuar sendo a única razão para o "crescimento", ela acabará não sendo eficaz e deixará de ser uma coisa natural nossa, pois tudo o que tentamos fazer é "consertar" as coisas que imaginamos estar com defeito e quando, por uma razão qualquer, reconhecemos não sermos capaz de fazer a correção, o crescimento é interrompido. Eu mesmo passei muitos anos na busca do conhecimento interno, às vezes refletindo sobre alguns problemas e dificuldades que nunca passavam. Eu simplesmente tentava resolvê-los, achando que quando conseguisse acabar com as dificuldades teria também "acabado de crescer".

Creio que o crescimento real passa por uma análise profunda no nosso interior, onde devemos pesar o que desejamos curar, mas também buscando um senso maior de compreensão, amor, paz, percepção, prazer, ligação, gratidão, vivacidade, diversão, evolução, autenticidade, e muitas outras coisas, não só para nós, mas também para os outros e para o mundo. Nossa motivação para alcançar o crescimento é sempre uma coisa única, pessoal, mas é importante nos perguntar o porquê disso, e devemos nos satisfazer e nos inspirar com as respostas. Se isso não acontecer e o foco continuar na resolução dos problemas, deveremos reconhecer isso como uma armadilha do ego e seguir em busca de algo mais profundo.

Descobrindo o que é importante para nós

Compreender o que é de fato importante para dar atenção, buscar uma solução e promover uma transformação é fundamental. Isso, assim como tantos outros aspectos do nosso crescimento e desenvolvimento, vai evoluindo com o tempo. É essencial ter consciência não somente do porquê de desejarmos evoluir, mas também especificamente do que queremos trabalhar nisso. Normalmente focamos em algumas coisas quando começamos a "crescer", como, por exemplo, perder peso, ganhar dinheiro, tratar de um problema de saúde, encontrar um parceiro ou uma parceira, recuperar diversas coisas e tudo mais. Esses objetivos, embora importantes, não são as verdadeiras questões da nossa vida, simplesmente são o que existe "acima da linha d'água". Quando damos uma olhada mais profunda "abaixo da linha d'água" e começamos a analisar o que está na base dessas questões e circunstâncias iniciais, conseguimos encontrar a nossa verdadeira natureza e o desejo de crescer. Embora não exista nada de errado em alcançar objetivos, curar uma doença, ganhar dinheiro, entrar em forma, começar um grande relacionamento e outras coisas, o que geralmente buscamos é uma sensação mais profunda de realização, gratidão e amor, não para nós mesmos, mas também para os outros e para a vida. É desse ponto que vem o nosso poder verdadeiro, e é desse modo que conseguimos viver uma vida concreta, com profundidade e significado.

O que uma pessoa faz na "superfície" pode parecer o mesmo em termos de forma – ir à igreja, participar de grupos de discussão e oficinas, fazer ioga, meditar, realizar trabalhos manuais, trabalhar com um terapeuta ou com um personal trainer, ler um livro, contratar um conselheiro, entre outras. Entretanto, o fundamento e o foco não só variam de pessoa para pessoa como têm um enorme impacto na eficácia e no resultado de todo o processo. Por exemplo, pode haver uma centena de pessoas participando de um grupo ou de uma oficina, e cada uma delas estará lá não só por um motivo individual específico como também escolherá focar ou prestar atenção em algum ponto diferente. É isso que vai determinar o que elas vão absorver da oficina, tanto quanto a qualidade do evento em si.

Conhecendo os melhores métodos para o nosso crescimento

É de vital importância buscarmos as melhores circunstâncias e métodos possíveis para o nosso crescimento. Isso pode ser uma tarefa árdua porque muitas vezes temos ideias específicas sobre o que é ou não "apropriado", de acordo com nossos princípios, de como fomos criados, de nosso histórico religioso, das nossas próprias opiniões e também do medo do julgamento dos outros. O segredo para encontrar pessoas, métodos e situações que sirvam de apoio para o nosso crescimento pessoal é a confiança em nós mesmos. Ouça o seu guia interior, busque pessoas que você sente que agiriam em harmonia com você, tenha em mente que se a sua intenção e a sua motivação forem fortes e claras o suficiente, os métodos, as pessoas e os processos vão surgir naturalmente, no lugar certo e na hora adequada.

A qualquer momento em uma conversa particular, durante a leitura de um livro, no decorrer de uma oficina de desenvolvimento pessoal ou ao fazer qualquer coisa com a intenção de crescer, continue mergulhando no seu interior, antes, durante e, principalmente, depois dessas atividades. Dessa forma você saberá como se sente e vai perceber o impacto que aquele método ou processo específico causou na sua vida. A meta é que cada um de nós possa escrever as linhas do seu crescimento, escolhendo de forma consciente os métodos que serão usados para essa escrita. Lembre-se do paradoxo forma-conteúdo: não é a forma, mas a substância, a experiência e o resultado que contam. Ao mesmo tempo, utilize os melhores métodos possíveis para aprimorar a sua capacidade de crescimento.

EXERCÍCIO

Seu crescimento pessoal

Com o objetivo de aprofundar seu autoconhecimento e sua caminhada rumo ao crescimento, reserve alguns minutos para responder as perguntas a seguir de forma honesta e aprofundada. Faça isso em um pedaço de papel ou no seu diário.

1. Qual é a sua motivação verdadeira, atualmente, para atingir o "crescimento" individual? (Isto é, por que razão você está lendo este livro? Por que lê livros como este, de modo geral? O que o motiva a participar

dc oficinas e seminários de desenvolvimento pessoal, buscar um instrutor ou conselheiro, ou desempenhar qualquer atividade que considere importante para o crescimento? Qual a sua real motivação?)

2. O que é mais importante para você enfrentar, lidar, curar e transformar em si mesmo e na sua vida, neste exato momento?
3. Como você pode criar as melhores condições para que o seu crescimento possa ser sustentado, aprimorado e plenamente alcançado? Em outras palavras, quais os melhores métodos e abordagens que você pode buscar para sustentar esse crescimento?

Para responder a essa última pergunta, seria interessante refletir, fazer um levantamento das coisas que você fez no passado e que deram resultados positivos, e também em quê você está atualmente ligado ou interessado, em termos de crescimento ou de desenvolvimento pessoal (especifique tanto os métodos quanto os resultados almejados).

A minha jornada pessoal de crescimento

Eu sempre me interessei pelas pessoas, pelos meus próprios processos de comportamento e pelos verdadeiros pensamentos e sentimentos, meus e dos outros. Desde que era criança, as duas coisas que mais me chamavam a atenção – tanto na minha vida quanto na dos outros e na existência de modo geral – eram a paixão e a dor. Um dos aspectos mais interessantes da minha vida sempre foi descobrir o que me trazia paixão e dor, e também descobrir o que trazia paixão e dor para a vida dos outros. Até hoje, por mais que eu adore falar de esportes, política, entretenimento e outros assuntos que genuinamente me interessam, tudo isso perde o brilho quando comparado ao que considero "as questões verdadeiras" da vida.

Mesmo com esses interesses desde criança e adolescente, nunca fui capaz de entender e articular o meu desejo de "crescer" de forma mais profunda (embora imagino que nem pensasse nessas coisas quando era menino). Entretanto, olhando para trás, vejo que essa visão sempre foi fundamental na minha vida. Tudo que eu fiz sempre teve como objetivos a busca da paixão e o confronto com a dor, e eu sempre me senti curioso a respeito das paixões e das dores das outras pessoas. O meu entusiasmo pelas pessoas, pelos esportes e pela vida ditou o ritmo de quase tudo o que eu realizei e disse, ao longo da infância e da adolescência. Com o divórcio dos meus pais, o distúrbio bipolar de meu pai e as dificuldades financeiras da nossa família, os problemas da minha infância se somaram a um sentimento profundo de medo e insegurança, e provocaram muita dor durante o meu processo de crescimento. Quando eu tinha 20 anos e cursava o primeiro ano de faculdade, a vida me trouxe mudanças pessoais significativas e até dramáticas, e foi então que a minha caminhada de crescimento consciente realmente teve início.

Tudo começou no Réveillon de 1994. Entrei no meio de uma briga que meus amigos arrumaram, um pouco para mostrar que eu era forte e um pouco para tentar separá-los. Sem muitas habilidades que fizessem de mim um bom lutador e já um pouco tonto com as bebidas, não só não consegui mostrar que era forte, nem separar, como também recebi um golpe na cara, que me causou uma fratura próxima ao olho direito. Logo após o soco, eu já estava com dificuldades para enxergar. Nos dias e semanas seguintes, sofri com uma diplopia e convivi com médicos e especialistas que consideravam a hipótese de cirurgia para corrigir o problema. Tudo isso aconteceu um pouco antes de começar a temporada de beisebol de 1994 em Stanford, um ano muito importante para mim, pois eu tinha como objetivo me destacar e ser escalado para uma equipe profissional em junho.

A lesão física foi muito preocupante e assustadora. Mas a dor mais intensa que senti, no entanto, foi mental, emocional e, como fui perceber mais tarde, espiritual. Isso me sacudiu de um jeito inédito. Eu não sabia o que havia de errado comigo e jamais me sentira tão mal, genericamente falando, em toda a minha vida. O problema com o olho me atormentava, porém, mais presente em mim eram os pensamentos e sentimentos, pois alguns deles eram os mais negativos e obscuros que eu já tivera. Embora agora, quando penso naquele momento, tudo me pareça irracional, eu sentia como se tivesse estragado minha vida de forma profunda por uma razão totalmente idiota (uma briga sem sentido induzida pelo consumo de álcool e na qual eu nem queria estar, para início de conversa). Eu me odiava por aquilo, me sentia envergonhado e fracassado. Tudo na vida me parecia lúgubre, doloroso e negativo.

Por que eu estava me sentindo tão infeliz? Precisei descobrir, me explorar, me entender, para saber quem realmente era e porque aquilo havia acontecido.

De acordo com a psiquiatra do hospital, eu estava apresentando um quadro de depressão. Passei a ter sessões com ela regularmente e comecei a tomar Prozac, o medicamento que ela achou mais adequado para mim. Eu já conhecia o potencial devastador que a depressão representa, devido à experiência que tive com meu pai, que apresentava quadro de psicose maníaco-depressiva. Lembro-me que, quando estava crescendo, eu me convencia de que nunca deveria ficar em depressão, embora secretamente estivesse aterrorizado pela possibilidade de ter "herdado" a doença mental do meu pai e de outros membros da família. Quando aconteceu comigo, imaginei que aquilo era o fim de tudo. Eu me sentia tão mal que não conseguia enxergar nada além da doença e, mais de uma vez, pensamentos suicidas passaram pela minha mente. Até aquele momento, a morte era algo que me aterrorizava mais do que qualquer outra coisa, e a ideia de passar a vida em tal doloroso estado mental e emocional me parecia pior do que os medos que eu alimentava a respeito da morte.

Esperava-se que os conselhos que eu estava recebendo no centro médico e os medicamentos que tomava fossem suficientes para atacar o problema e amenizá-lo, mas nada parecia funcionar de verdade. Alguma coisa dentro de mim, até naquele momento crítico, me dizia que o que estava acontecendo era muito mais que um olho machucado ou a depressão que eu vivenciava. Ao mesmo tempo em que eu desejava que a dor passasse, queria também ir cada vez mais fundo dentro de mim para entender de onde vinha tudo aquilo e o porquê de eu estar passando por tantas provações – não queria me livrar de tudo, pura e simplesmente. Não tenho a certeza de que tinha consciência disso na ocasião, mas o fato é que eu estava pronto para crescer e tinha o desejo de me conhecer internamente, conhecer minha vida e a natureza da existência por ela mesma.

Felizmente, fui apresentado a um homem incrível chamado Chris Andersonn. Chris não é um psicólogo como outro qualquer. Ele é mais uma espécie de conselheiro, guia e professor. Na primeira vez que falei com ele pelo telefone (a forma pela qual fazíamos as sessões), lembro-me de que eu chorava copiosamente; aquilo era uma forma de expressar minha dor, mas também havia um pouco da sensação de estar me liberando de um peso imenso. Chris me disse: "Sinto uma quantidade muito grande de medo e tristeza aí dentro." De repente, ele me perguntou: "Você sente pressão e expectativas de forma geral a respeito de coisas e assuntos ligados especificamente à sua mãe?" Ele disse isso sem conhecer muita coisa a meu respeito; não sabia nada do meu passado nem das circunstâncias específicas com as quais eu havia lidado. Aquela foi uma das primeiras vezes na minha vida em que senti que alguém via, enxergava e entendia o meu interior – não só pelas palavras de Chris, mas também pela percepção e entendimento emocional que ele demonstrava, não só do que eu vivia, mas também das coisas pelas quais passava. Imediatamente comecei a confiar nele, percebi que ele seria alguém importante na minha vida e que estava ali para me ensinar, me ajudar a crescer e a me curar.

Chris e eu começamos a trabalhar juntos e ele me ensinou muitas coisas importantes sobre mim e sobre a minha vida, coisas que eu nunca avaliara de forma consciente, mas sempre me sentira atraído a conhecer em profundidade. Ele me ajudou a ver quanta raiva, vergonha e medo eu carregava comigo, devido à doença do meu pai, a esperança que minha mãe alimentava de eu ter sucesso na vida, a educação que eu tive, minha imagem, a pressão que eu sentia para dar certo no beisebol e muitas outras coisas. Mais importante ainda foi que eu comecei a ver o quanto esses sentimentos afetavam minha vida de forma negativa, e que acima das circunstâncias específicas pairavam as emoções interligadas com minha falta de autoestima, falta de perdão para mim mesmo e de autoapreciação, fatores que me provocavam tanta dor.

Ele me ensinou a meditar, me apresentou à metafísica e a diversas técnicas de cura espiritual para liberar as emoções intensas reconhecendo-as através da escrita, da conversa, visualizando-as, meditando e sentindo tudo de maneira plena. Também aprendi com Chris que minhas crenças servem para criar a minha realidade, e isso engloba meus pensamentos, sentimentos, atitudes, escolhas e decisões. Ele me ajudou também a enxergar como e porque eu estava criando a dor e o sucesso de forma simultânea, assim como em outras ocasiões no passado, enquanto eu seguia em frente.

Durante esse trabalho em conjunto, Chris literalmente salvou minha vida. Foram necessários vários meses e muitas sessões intensas com ele e com outros profissionais para que eu me tornasse capaz de enxergar uma luz no fim do túnel e sair da depressão. Meu olho ficou curado, mas o mais importante é que eu comecei a me curar e me abrir para um nível mais profundo.

Esse período foi muito assustador, complicado e doloroso, mas também foi incrível em termos de iluminação pessoal e de esclarecimento. Olhando para o passado, vejo que a minha lesão ocular e a depressão subsequente foram circunstâncias "acima da linha d'água" que acordaram o desejo adormecido que eu acalentava por crescimento. Já se passaram mais de 14 anos, mas continuo trabalhando com Chris, e conheci também outros professores, instrutores pessoais, mentores, curadores, oficinas, livros, técnicas, práticas espirituais e muito mais. Meu desejo pelo crescimento interior e a vontade de aprender e de me envolver passaram a ser o tema central da minha vida, e assim continua sendo atualmente, no trabalho e no relacionamento com outras pessoas, especialmente com minha esposa Michelle e com nossas duas filhas.

Para nos tornarmos quem realmente somos, para vivermos com autenticidade, despertarmos, criarmos a história que queremos viver de forma consciente e sermos capazes de vivenciar a verdadeira alegria e paz na vida, é necessário conhecermos a nós mesmos em níveis profundos, e continuar essa autoexploração pelo resto de nossas vidas. Mesmo que esse não seja um processo fácil, se conseguirmos fazê-lo poderemos atingir o crescimento e nos desenvolver como seres humanos – não por acidente, pura e simplesmente, mas por vontade exercida de forma deliberada.

A importância da orientação

Ter uma boa orientação é um aspecto essencial para o nosso conhecimento próprio, permitindo assim a evolução pessoal. Outro paradoxo interessante da vida, contudo, é que o crescimento começa dentro de nós, mas ao mesmo tempo é muito difícil conseguir isso sem a ajuda e o feedback de outras pessoas. Não importa o quanto somos conscientes de nossa força interior, o talento que temos em alguma área específica ou o quanto aprendemos em nossas vidas, precisamos ser constantemente orientados se quisermos continuar nossa evolução e nosso crescimento. Até mesmo os atletas de ponta precisam da ajuda de um treinador, do seu retorno e orientação para se manterem no topo e continuarem a melhorar o desempenho em sua modalidade. O mesmo acontece na vida, de todas as formas. Sermos autênticos e vivermos de modo verdadeiro conosco são, de certo modo, coisas muito pessoais que dizem respeito a nós e apenas a nós. Entretanto, o feedback e os conselhos de outras pessoas nas quais confiamos, que respeitamos e que nos conhecem o suficiente para compartilhar o que pensam conosco, podem ser uma colaboração inestimável para nosso crescimento e para nossa jornada pela vida.

Em todos os momentos do nosso crescimento como seres humanos é importante procurar orientação. Ao mesmo tempo, precisamos ser seletivos sobre quem vamos permitir que nos oriente em nossa caminhada. Acredito que podemos aprender um pouco com qualquer pessoa, e esse pouco de cada um que encontramos em nossa caminhada poderá nos ensinar coisas importantes, se prestarmos atenção. Porém, para esse crescimento se consolidar de maneira saudável, precisamos escolher deliberadamente quem serão os nossos orientadores, mentores e professores para essa maravilhosa caminhada.

Como diz o ditado, "Há apenas uma luz, mas existem muitas lâmpadas". Com tantos e tantos livros como este no mercado, tantas oficinas de desenvolvimento pessoal, tantas pessoas querendo nos ajudar profissionalmente, muitas delas afirmando ter o verdadeiro "segredo" da felicidade, da saúde, da riqueza e do amor, depende de nós decidir em quem prestar atenção, a fim de verificar a qual desses apelos o nosso interior responde de forma mais profunda. A melhor maneira de chegar a isso é ser o mais aberto possível a novas experiências, buscar as "coisas boas" de cada pessoa em tudo o que ela tem a nos dizer e ensinar, mas também precisamos ser muito claros a respeito de onde estamos, do que desejamos ou do que precisamos, e o que funciona melhor para nós.

O autoconhecimento e o crescimento nem sempre estão relacionados a coisas que nos fazem sentir bem e confortáveis. Na verdade, algumas das melhores e mais importantes oportunidades de crescimento e de feedback que conseguiremos na vida talvez não nos pareçam boas inicialmente, mas, às vezes, representam exatamente o que precisamos fazer ou ouvir em uma determinada ocasião ou circunstância, para seguirmos rumo ao nosso degrau seguinte na evolução pessoal. O objetivo deve sempre ser confiar em nós mesmos, ouvir o nosso guia interior e lembrar que somos eternamente responsáveis pelo nosso crescimento e também pela nossa vida. Crescimento de verdade não se trata de medir realizações pessoais, e sim de evolução – conhecer profundamente o nosso interior, descobrir mais sobre quem somos e criar um senso real de autenticidade e de profundidade.

Fora das nossas zonas de conforto

Lisa me contratou para ajudá-la com algumas dificuldades que ela atravessava para se expressar no trabalho, com o seu chefe e nos encontros com seus clientes. Em pouco tempo, a partir de seu bom trabalho realizado e com o nosso empenho em ajudá-la a escutar, se fazer presente e falar com o coração, ela conseguiu se tornar mais comunicativa no trabalho, e parece ter ficado muito satisfeita com os resultados.

Esse problema é comum a várias pessoas que me procuram. Depois de inicialmente abordarmos suas preocupações e objetivos básicos, coisa que geralmente é algo simples e objetivo, como foi no caso de Lisa, começamos a mergulhar nos outros aspectos igualmente importantes da sua vida – os aspectos mais pessoais, que ficam "abaixo da linha d'água". Ela estava lutando contra algumas dificuldades no relacionamento com seus pais idosos e com seu marido, Jim, além de questões mais profundas e antigas inseguranças a respeito do seu valor na carreira e da condição de mulher que escolhera não ter filhos.

Durante os dois anos seguintes, eu e Lisa tivemos encontros regulares a cada 15 dias. Trabalhamos bastante para que ela entendesse que deveria assumir a responsabilidade por cada reação, pensamento ou sentimento que tivesse – sem se fazer de "vítima", entre outras coisas. Ela passou a dialogar mais com Jim e a conversar com seus pais sobre o que realmente pensava e sentia. Passou a aceitar mais riscos e a assumir mais responsabilidades no trabalho. Com o máximo de compaixão e honestidade possíveis, eu pressionei e desafiei Lisa a sair de sua zona de conforto. Embora algumas vezes ela tenha resistido, brigado comigo e até mesmo falhado, o seu progresso, de modo geral, foi sensacional.

Lisa e Jim começaram a conversar mais, passavam mais tempo juntos, começaram a sair mais vezes e fizeram pequenas viagens românticas, algo que ela realmente desejava. Lisa determinou alguns limites importantes com seus pais, e compartilhou com eles algumas coisas que ela sempre tivera medo de dizer. Isso lhe proporcionou um grande senso de paz e de liberdade, que ela nem imaginava ser possível e pelo qual ficou muito grata, especialmente considerando a idade avançada e o estado de saúde dos pais. Ela até conseguiu um novo emprego, está ganhando mais e tendo mais responsabilidades, algo que anteriormente sentia não poder fazer. Porém, mais importante do que qualquer resultado ou consequência em sua vida é o fato de que ela começou a confiar mais em si, conseguiu ficar em paz consigo mesma e passou a apreciar a vida de forma genuína.

Todas essas mudanças aconteceram na vida de Lisa porque ela se preparou para o crescimento. Ela estava mais aberta para a ajuda e para o feedback, para as sessões de aconselhamento e de orientação que recebeu de mim nas nossas sessões, assim como também procurou ajuda de outras pessoas através de livros, oficinas de desenvolvimento pessoal, da sua igreja e de outros lugares. Como diz o ditado, "Quando o aluno está pronto, o professor aparece". Esse ditado serviu para Lisa e poderá servir para qualquer um de nós, se descobrirmos que o nosso crescimento parte sempre do nosso interior e que, paradoxalmente, não podemos crescer sem o feedback e a orientação de outras pessoas.

PRÁTICAS

Este livro, bem como qualquer outro que você for ler no futuro, poderá ter um impacto muito maior na sua vida se você pegar qualquer informação e inspiração que conseguir por meio da leitura dele e colocá-la em ação na sua própria vida.

A seguir estão várias práticas simples que você pode utilizar. A maioria delas pode ser feita individualmente, mas algumas vão exigir outras pessoas ou recursos. Todas foram projetadas para aumentar o seu nível de autopercepção e para colocar em prática o importante princípio de *conhecer a si mesmo*. Obviamente, existem ainda muitas outras práticas e técnicas que você poderá utilizar. A ideia desta lista é fazer você refletir e também colocá-la em ação. Meu desafio é que você pegue algumas dessas práticas que ecoem dentro de você ou que o deixem apavorado (qualquer uma dessas duas coisas, como você sabe, é sinal de que algo importante está acontecendo) e comece a colocá-las em prática o mais depressa possível. Divirta-se e lembre-se de que elas são simplesmente "práticas", e você não precisa fazer nada da forma "correta", pois não há como estragar nada.

1. Crie uma prática de autopercepção diária. Faça algo simples, todos os dias, que sirva para você parar, aquietar a mente, verificar como estão as coisas com você mesmo e perceber os próprios sentimentos. Pode ser um momento de meditação, prece, um instante de calma reflexão ou de análise debaixo do chuveiro, dentro do carro, em uma caminhada ou em algum outro lugar. A forma não é importante, o que importa é a intenção. O objetivo é oferecer a você mesmo um lugar ou um espaço diariamente, pelo menos uma vez por dia, ou mais, para se tornar consciente de si mesmo de forma completa – física, mental e emocionalmente – e reparar e sentir o que realmente está ocorrendo dentro de você, por baixo da linha d'água.

2. Faça anotações regularmente. Esta é uma prática muito simples e poderosa que poderá trazer resultados capazes de modificar sua vida. Tão frequentemente quanto possível, tire algum tempo para escrever seus pensamentos e sentimentos de forma honesta, em uma espécie de diário. Pegue uma agenda, um caderno, algo que lhe pareça gostoso de tocar, de olhar e de escrever. Também pode ser o seu computador, sob a forma de um blog, por exemplo. Seja o que for, crie um lugar calmo e sagrado onde você possa expressar seus pensamentos e sentimentos honestos a respeito de si mesmo, das suas rotinas e da sua vida, por escrito. Não importa o que você escreva, o tempo que perca por dia fazendo isso, como parecerá para quem for ler ou até mesmo o que diz. O segredo é que seja verdadeiro e que você seja capaz de expressar ali o que estiver sentindo – medo, amor, tristeza, empolgação, raiva, alegria, confusão, gratidão, culpa, entusiasmo e tantas outras coisas. Não julgue a si mesmo, simplesmente expresse o que pensa e faça isso com tanta frequência quanto conseguir.

3. Faça uma declaração de personalidade. As ferramentas para declaração de personalidade que eu mencionei antes, neste mesmo capítulo – Myers-Briggs, o Perfil DISC, o *Strengths Finder* e o Eneagrama, entre outros – podem ser formas maravilhosas para você obter mais percepção de si mesmo e compreender mais sobre quem realmente é. De todos eles, o que eu mais recomendo é o Eneagrama, pois já existe há mais de mil anos e contém muita sabedoria e profundidade. Faça algumas pesquisas e descubra qual se adapta melhor a você. Muitas delas são simples, fáceis e baratas (muitas vezes não custam absolutamente nada). Se você escolheu um ou mais desses testes de avaliação no passado, olhe ou lembre dos resultados; em seguida, observe o que ganhou ou poderá ganhar a partir do feedback sobre si mesmo no contexto da nossa discussão aqui neste livro sobre autenticidade. E considere refazer o teste ou procurar outro, pois, da mesma forma que acontece ao reler um bom livro, muitas vezes você conseguirá insights melhores na segunda ou na terceira vez.

4. Trabalhe com um instrutor ou terapeuta. Trabalhar lado a lado com um instrutor ou terapeuta não funciona para todas as pessoas, mas muitas vezes pode se tornar um aspecto essencial do seu crescimento e conscientização. Escolha com quem vai trabalhar de forma consciente. Certifique-se de que você confia nele ou nela, se sente bem ao seu lado e veja se algum instinto lhe diz que essa pessoa tem algo importante para lhe ensinar. Lembre-se do paradoxo: saber quem você é, crescer e tudo o mais que você precisa já está dentro de você e, ao mesmo tempo, você não tem como se conhecer nem crescer de forma eficaz nem rápida sem o feedback e a orientação dos outros. Se você já trabalhou com muitos instrutores e terapeutas no passado, ou está trabalhando com um ou mais de um neste exato momento, verifique com você mesmo para ter certeza de que está obtendo o que deseja dessa pessoa e do seu trabalho com ela. Se não está trabalhando com alguém neste momento ou nunca trabalhou com ninguém em algo desse tipo, tente perceber o que o está impedindo de fazer isso e veja se quer ou se precisa ir a outro lugar para encontrar alguém com quem trabalhar. Ter um instrutor ou terapeuta no qual você confia, que impulsiona você, que traz o melhor de você à tona, com amor e honestidade, e em quem você possa confiar, tem um valor incalculável na sua jornada rumo a uma percepção e a uma autenticidade maiores.

5. Participe de oficinas de desenvolvimento pessoal. Não importa se você é alguém como eu, que participa de oficinas o tempo todo, ou se nunca participou de nenhuma atividade de desenvolvimento pessoal em toda a sua vida, oficinas podem se tornar essenciais no seu processo de aprendizado, crescimento e conscientização. Existem muitas opções hoje em dia, o que é maravilhoso e também desafiador. Faça um levantamento do que é mais importante para você, pergunte às pessoas em quem você confia, veja o que repercute melhor dentro de você, inscreva-se em uma oficina de desenvolvimento pessoal e transforme em um hábito a participação em cursos e seminários, sempre que você puder e tiver interesse no assunto. Esse investimento em você mesmo é uma das melhores coisas que você poderá fazer por você, pela sua vida e pelo seu crescimento. Na seção de Recursos deste livro eu apresento várias oficinas e seminários fabulosos. Verifique essa lista e também outras, até encontrar algumas oficinas que se encaixem com suas expectativas.

Este primeiro princípio, *Conheça a si mesmo*, por si só já pode transformar a sua vida. Quando conhecemos quem realmente somos nos níveis mais profundos, temos a capacidade de fazer as pazes com nós mesmos e viver com um sentido mais profundo de autenticidade no nosso trabalho, nos nossos relacionamentos e nas nossas vidas.

Agora que vimos a importância da autopercepção (Princípio 1), podemos dar o próximo passo, essencial na nossa jornada rumo a uma maior autenticidade, transformando o nosso medo (Princípio 2).

4

PRINCÍPIO 2

Transforme o seu medo

"É preciso coragem para crescer e se transformar em quem você realmente é."

E. E. Cummings

Medo é uma coisa que todos nós experimentamos ao longo das nossas vidas, especialmente em nossa jornada rumo à autenticidade mais profunda. Ser quem realmente somos, nos expressar de forma honesta, ser corajosos e correr atrás do que desejamos na vida pode nos provocar muito medo. Conforme já discutimos no Capítulo 2, nossos medos de fracasso, rejeição, decepção, julgamento, entre outros, muitas vezes provocam um impacto na nossa capacidade de sermos nós mesmos e, em muitos casos, podem até nos impedir de dizer o que pensamos ou de buscar, de forma autêntica, o que verdadeiramente desejamos.

Muitos de nós fugimos ou nos escondemos dos próprios medos por nos sentirmos apavorados, desconfortáveis ou constrangidos. Entretanto, as coisas que significam muito para nós, na vida, não surgem sem medo. E, à medida que lutamos para viver com autenticidade, é inevitável que nos deparemos com um pouco de medo ao longo do caminho.

A maioria das pessoas imagina, equivocadamente, que à medida que seguimos através da vida o nosso principal objetivo é nos livrarmos do medo. Infelizmente, nos livrarmos do medo por completo não é possível e nem mesmo desejável. O medo é uma parte essencial do crescimento e pode ser usado de forma positiva para a obtenção da autenticidade e da realização pessoal, desde que estejamos dispostos a lidar com ele de forma direta, honesta e consciente. Entretanto, o maior problema com o medo não é normalmente o medo em si, mas a nossa resistência ou negação a ele.

Este segundo princípio, *Transforme o seu medo*, trata de compreender o nosso medo – de conhecê-lo, apreciá-lo, admiti-lo, assumi-lo, abraçá-lo e, por fim, utilizá-lo como ferramenta rumo a mais autenticidade. A questão não é se experimentamos ou não o medo em nossas vidas (pois todos nós passamos e passaremos por isso enquanto vivermos); a pergunta mais importante para cada um de nós é: "Como eu posso me movimentar em meio aos meus medos de forma honesta, sem que eles me impeçam de ser quem realmente sou e me levem ao que realmente desejo na vida?"

Fazendo as pazes com o medo

Uma vez que o medo é inevitável na vida, nosso objetivo é fazer as pazes com ele e deixar de oferecer resistência ou tentar escapar dele.

Como Carl Jung disse, em uma frase famosa: "Aquilo a que você resiste, persiste." Isso é verdade e vale para qualquer aspecto da sua vida, particularmente no que se refere ao nosso medo. É preciso muita energia, como você e eu sabemos, para circular pela vida lutando contra os medos ou fingindo que não temos medo algum quando é claro que isso não é verdade. Quanto mais conhecermos o medo em geral e, mais especificamente, nos tornamos conscientes dos próprios medos, mais poder obteremos para lidar com eles e, por fim, os superarmos.

Compreendendo o medo

Nosso primeiro passo para fazer as pazes com o medo é compreendê-lo. Algumas das definições do dicionário para o medo são:

- emoção incômoda provocada por um perigo iminente, pelo mal, pela dor, seja a ameaça real ou imaginária; sentimento e condição de sentir medo.
- uma circunstância específica que crie propensão a tal sentimento. Ex.: *Um medo anormal de altura.*
- preocupação ou ansiedade; intranquilidade. Ex.: *Medo pela segurança de alguém.*
- aquilo que provoca o sentimento de sentir medo; aquilo do que uma pessoa tem medo. Ex.: *Câncer é um medo comum.*

Embora essas e outras definições expliquem o conceito de medo, ele é muito mais do que um conceito, conforme todos sabem. Medo é uma emoção intensa que carrega consigo um componente físico. Ele serve de gatilho para a resposta familiar do tipo "lutar ou fugir" em nossos corpos, caracterizada pelo aumento dos batimentos cardíacos, alterações na respiração, tensão muscular e outros elementos que podem nos levar a tentar escapar do perigo ou nos defender contra o predador. Essa resposta fisiológica inicial é seguida por uma experiência emocional ou uma avaliação psicológica mais lenta, durante a qual nos tornamos conscientes do sentimento de medo e na qual enfrentamos pensamentos assustadores, preocupações, nos sentimos apavorados ou, às vezes, fingimos não ter medo algum quando, na verdade, temos.

Além da resposta de luta ou fuga, muitas vezes temos medos emocionais que ocorrem quando pensamos a respeito ou começamos a efetuar uma ação de qualquer tipo, ou seja, quando dizemos, fazemos ou seguimos na direção do que realmente queremos, seja um sonho, um objetivo, um emprego, um relacionamento e assim por diante. Sempre que sentimos perigo ou nos vemos diante de um confronto real ou imaginário, uma glândula situada sobre os rins libera uma mistura de elementos químicos conhecida genericamente como adrenalina. Por ironia, os nossos corpos têm reações físicas semelhantes no caso de medo e de empolgação.

Todo mundo sente medo

Quando eu era criança, me lembro do quanto sentia medo ao me aproximar da base do batedor quando era a minha vez de arremessar nos jogos de beisebol da liga infantil. Minhas pernas tremiam, minha cabeça latejava e minha garganta ficava seca. Às vezes era difícil até mesmo respirar.

Tinha medo de arremessar para fora, prejudicar meu time, parecer tolo ou ser atingido pela bola, entre outras coisas. Achava que tinha tanto medo por ser jovem e imaginava que, quando ficasse mais velho, todos os meus medos iriam desaparecer. No entanto, meus medos não sumiram quando eu fiquei mais velho. Embora eu adorasse jogar beisebol e fosse bom nisso, em todos os jogos dos quais participei – seja como arremessador, como receptor ou correndo no campo – eu vivenciava um elemento de medo (muitas vezes intenso). Hoje em dia eu sei que todos os que estavam em campo sofriam da sua versão pessoal desse mesmo medo – mas não conseguia ver nem sentir o medo deles com a mesma intensidade com que sentia o meu. Muitos dos caras com quem joguei bola quando criança e quando fiquei mais velho fingiam muito bem e, como eu, tentavam não parecer assustados. Isso é o que a maioria de nós faz ao longo da vida.

Todo mundo sente medo. Muitos de nós andamos por aí em um constante estado de ansiedade. Simplesmente nos acostumamos a viver com medo e já não reparamos mais nisso. É como quando você está sentado em uma sala calma, com o ar-condicionado ligado. Depois de algum tempo você já não escuta mais o barulho do motor e acha que o ambiente está totalmente quieto, até que alguém desliga o aparelho e a sala fica silenciosa de verdade. Só então você se apercebe de o quanto o som do ar-condicionado estava alto.

Em vez de nos permitir sentir e experimentar o nosso medo, julgamos os medos que temos, achamos que não deveríamos tê-los ou tentamos negá-los por completo.

Não é socialmente aceitável parecer apavorado em várias situações, e muitos de nós não se sentem à vontade para admitir aos outros que estamos receosos de alguma coisa. Você consegue imaginar um político, uma personalidade da mídia ou uma celebridade dando uma entrevista na qual assume o quanto está apavorado de estar ali ou de fazer o que faz? Mesmo em nossas vidas, seria muito estranho se nos encontrássemos com nosso chefe, conversássemos com alguém na fila do banco ou levássemos um papo com alguém em uma festa e dividíssemos com eles alguns dos nossos medos e dúvidas, de forma honesta. Não que isso não aconteça, simplesmente não é comum e, normalmente, não é feito de forma autêntica.

Nossa negação do medo muitas vezes nos leva a fazer coisas pouco saudáveis (beber demais, reagir de forma exacerbada, controlar os outros, nos preocupar, mentir, evitar todo tipo de coisas, trabalhar demais e julgar as pessoas, entre outros exemplos), tudo em uma tentativa de fingir que não estamos apavorados quando, na verdade, estamos.

Certo dia, fiz uma palestra em um evento para um dos meus clientes corporativos – um grande banco internacional. No fim da minha apresentação, Frank, um dos líderes do grupo, veio falar comigo. Ele olhou à nossa volta algumas vezes antes de apertar minha mão e em seguida se inclinou e me disse, em tons quase sussurrados: "Sabe o que é?... Eu fico apavorado o tempo todo e me preocupo em meter os pés pelas mãos, estragar algum grande acordo ou decepcionar as pessoas. Devido à minha posição aqui na empresa, sem falar na minha idade, na minha experiência, no peso do meu sucesso e na responsabilidade que carrego, não me sinto capaz de admitir quando estou apavorado. Quero lhe agradecer pela mensagem que você nos trouxe hoje. Você me ajudou a perceber que não há nada de errado comigo por me sentir desse jeito. Obrigado."

Eu fiquei grato de verdade pela honestidade de Frank e pelo seu retorno. Dava para ver pelo brilho em seus olhos e pelo tom da sua voz que ele estava não só falando a verdade como também algo mudara dentro dele e o tornara capaz de me contar tudo aquilo. Do mesmo modo que Frank, muitos de nós achamos que não devemos admitir nossos medos e inseguranças ou, quando o fazemos, preocupamo-nos com o fato de as pessoas poderem pensar mal de nós e não nos respeitarem mais. Temos a tendência de nos levar muito a sério, já perceberam?

Entretanto, ao compreendermos e aceitarmos que ter medo é uma das emoções humanas mais básicas e naturais, e que não importa o quanto as pessoas estejam confiantes, em paz, ou se sintam bem-sucedidas, todo mundo sente medo, poderemos fazer as pazes não apenas com os nossos medos, mas com nós mesmos. As pessoas que alcançam grandes vitórias na vida e (o que é mais importante) conseguem criar um verdadeiro senso de realização para si mesmas, não estão desprovidas de medo. Elas simplesmente possuem mais capacidade e estão mais dispostas a serem honestas a respeito dos seus medos para, desse modo, superá-los com mais facilidade e graça. Compreender a natureza universal do medo é essencial para a nossa capacidade de sermos autênticos.

Conheça o seu medo

A frase "no fear" (sem medo) se tornou popular há uns 10 ou 15 anos graças, em parte, à marca de equipamentos esportivos que trazia essas palavras estampadas nas roupas, e também ao aumento do interesse e da participação das pessoas em esportes radicais tais como skydiving, bungee jumping, escaladas e assim por diante.

Eu mesmo tive algumas camisetas com as palavras "no fear" estampadas, e as usava com orgulho. Embora apreciasse o sentimento e a ideia de enfrentar o medo e superá-lo, o que realmente queremos fazer é conhecer o nosso medo (e não negá-lo), a fim de podermos aprender através dele e, por fim, vencê-lo de forma positiva e consciente.

Quanto mais conhecermos os nossos medos e nos tornarmos mais intimamente familiarizados com eles, com o jeito como se instalam e com o que acontece quando ficamos apavorados, mais fácil será nos movermos através dos medos de forma eficaz quando eles, inevitavelmente, aparecerem.

Queremos criar um relacionamento saudável com o nosso medo. A analogia que eu geralmente utilizo com meus clientes é aquela do "bicho-papão". Passamos a maior parte das nossas vidas, por assim dizer, fugindo desse monstro, nos escondendo dentro das nossas casas, reforçando as janelas, apagando as luzes e nos escondendo debaixo da cama. Embora isso possa parecer absurdo de várias maneiras, olhar para o bicho-papão nos olhos e convidá-lo para entrar na nossa casa é o modo de conseguirmos nos libertar do medo.

Eu me apavoro o tempo todo, mesmo quando estou fazendo as coisas que mais curto na vida, como escrever, dar palestras, comandar oficinas e falar com as pessoas. Às vezes, quando eu subo no palco para dar uma palestra, especialmente para um grupo grande de pessoas, minhas pernas e meus braços tremem de nervoso. Entretanto, sempre que eu me vejo vivenciando um medo intenso como esse, tento conhecê-lo, compreendê-lo melhor e pergunto a mim mesmo: "Do que eu tenho medo de verdade?"

Quase nunca sentimos medo do que realmente estamos fazendo ou, às vezes, do que achamos que temos medo, na superfície. Normalmente eu nem tenho tanto medo assim de falar para um número grande de pessoas – faço isso o tempo todo e realmente adoro fazê-lo. O que mais me mete medo nessas circunstâncias é o julgamento das pessoas, as fraquezas e inseguranças que eu mesmo percebo em mim. Às vezes eu tenho medo de parecer idiota ou de enfrentar alguma ameaça autoimposta que, na maioria dos casos, nem é verdadeira, e sim fruto da minha imaginação. Como existem medos com os quais estou mais familiarizado, eu me eduquei para não deixar que eles me atrapalhem – mesmo que os sinta intensamente. Meu corpo ainda reage à adrenalina e eu ainda sinto o medo invadir meu corpo, mas isso não me impede de levantar e falar normalmente.

Quando conhecemos e compreendemos nossos medos e estamos dispostos a encará-los de um jeito franco, eles não nos impedem de sermos autênticos nem de fazermos o que desejamos.

Apreciando o nosso medo

Apreciar o nosso medo pode parecer uma coisa esquisita de se fazer, mas é muito importante. Experimentamos o medo por uma razão específica, e ele tem quase sempre alguma coisa valiosa para nos ensinar, se prestarmos atenção. O medo pode ser um motivador poderoso e um grande professor. Apesar de não querermos viver nossas vidas em um estado constante de medo, a capacidade de apreciar nossos medos nos permitirá aprender, fazer as pazes com eles e, por fim, explorá-los de forma positiva. Pense só em alguns dos aspectos positivos de sentir medo. O medo pode:

- Salvar nossas vidas e nos proteger de danos físicos.
- Mostrar alguma coisa que é importante para nós.
- Ensinar muita coisa a respeito da vida, de nós mesmos e da aventura de sermos humanos.
- Nos dar acesso e oferecer insights sobre a nossa vulnerabilidade.
- Mostrar lugares onde podemos crescer e adquirir mais compaixão por nós mesmos e pelos outros.
- Nos ligar com as outras pessoas de um jeito profundo, autêntico e universal.
- Nos oferecer oportunidades para assumirmos riscos e sermos corajosos.

Essas são algumas das muitas coisas que podemos apreciar nos nossos medos. Algo que creio ser muito importante para cada um de nós à medida que continuamos a crescer e evoluir é possuirmos um sentido saudável do nosso medo. Isso não apenas significa que podemos sentir o "perigo" de forma eficiente, mas também que somos capazes de reconhecer o medo como a resposta natural que ele é. Por exemplo, um dos meus clientes era uma mulher chamada Sue. Quando eu a conheci, ela estava com 40 e poucos anos e havia trabalhado em uma empresa do Vale do Silício por quase 25 anos, desde que se formara na faculdade. Ela se encontrava em uma encruzilhada profissional. Já não curtia o trabalho e a única parte que ela realmente apreciava nas tarefas que desempenhava era servir de mentora, instrutora ou trabalhar com as pessoas da equipe. Devido a isso, ela decidiu mudar de rumo por completo em sua vida. Queria se tornar uma instrutora na área de negócios e também em questões pessoais, bem como escrever livros e montar oficinas de treinamento. Ela continua com o seu emprego na empresa de tecnologia, mas se inscreveu em um programa para treinamento de instrutores e decidiu contratar um instrutor, que era eu.

Depois de trabalharmos juntos durante alguns meses e Sue se ver frente a frente com alguns desafios, em suas tentativas iniciais de dar início ao seu próprio negócio de consultoria e treinamento pessoal, ela me disse: "Não sei por que estou tão nervosa a respeito disso. Já trabalhei em empresas que estavam começando e adoro treinar as pessoas da minha equipe, mas a verdade é que a ideia de seguir por conta própria me apavora."

Minha resposta a isso foi: "Ótimo! Essa é a prova de que sua proposta de trabalho é realmente importante para você, e é maravilhoso que você esteja em contato com seu medo, consciente dele e disposta a admiti-lo. É aqui que começa a diversão e o trabalho de verdade. Antes de qualquer coisa, demonstre um pouco de compaixão por si mesma e lembre-se de que o medo é uma emoção humana normal, especialmente quando você está fazendo algo novo desse tipo. Agora, entre o dia de hoje e a nossa próxima sessão, pergunte a si mesma com honestidade: 'Por que estou tão apavorada? Do que, especificamente, eu tenho medo? E como esse medo poderá me ajudar a criar minha nova carreira?'"

Na nossa sessão seguinte, Sue me disse: "Dei a mim mesma um pouco de tempo e espaço para refletir com calma e, o que é mais importante, *sentir* alguns dos meus medos mais profundos quanto a começar um novo negócio como instrutora pessoal. Percebi que muitos dos meus medos superficiais são sobre se o dinheiro que vou ganhar é o suficiente, ou o que as pessoas vão pensar de mim por eu estar abandonando uma carreira de sucesso para começar uma nova e coisas desse tipo. Apesar de serem verdadeiros, não eram o que realmente me impediam de ir em frente. Meus medos mais profundos são o de não ser boa nisso, de talvez não conseguir ajudar as pessoas ou, o que é ainda pior, de prejudicá-las, além do fato de que se eu tentar isso e falhar, todos (especialmente eu mesma) saberão e verão que eu sou um fracasso total, uma fraude." Quando Sue compartilhou esse último medo, sua voz ficou embargada e ela começou a chorar. Percebi a franqueza e a vulnerabilidade do que ela tinha me dito e a apreciei por isso.

Eu disse: "Sue, obrigado por ser verdadeiramente honesta e me contar a verdade. Bom trabalho! É preciso ter coragem para ser honesto consigo mesmo desse jeito e admitir suas falhas para alguém de fora. Admiro você por sua vulnerabilidade." Em seguida, perguntei: "Como seus medos poderão ajudar você de verdade ao longo do processo?"

"Não sei exatamente", ela confessou. "Fiquei presa a essa questão. Mas refleti a respeito e, baseada nas coisas que vimos discutindo nos últimos meses, talvez esses medos sejam semelhantes aos que alguns dos meus clientes vão enfrentar, e minha capacidade de enfrentá-los por experiência própria vai aumentar minha percepção, trazer mais compaixão e me fazer compreender melhor os problemas deles."

Sue estava absolutamente certa. Ao longo dos meses seguintes nós trabalhamos muito na aceitação dos medos dela e no compartilhar desses medos com as outras pessoas, permitindo senti-los melhor ao conversar sobre eles de forma honesta, escrever a respeito dos sentimentos que surgiam e passar algum tempo em caminhadas e meditações, para sentir tudo isso em profundidade. Não era uma questão de ela marcar passo nos seus medos, nem de ficar obcecada por suas preocupações, e sim de ela se permitir experimentá-los, aprender com eles e, por fim, apreciá-los e utilizá-los para seu próprio crescimento. Apesar de Sue não ter se livrado por completo dos medos, o que não era o nosso objetivo inicial, conseguiu passar por eles e integrá-los à sua vida, simplesmente permitindo a si mesma senti-los e expressá-los de forma autêntica. Ao fazer isso, ela não só conseguiu ter paz com seus medos e consigo mesma, mas também encontrou coragem para deixar seu emprego na empresa de tecnologia e se tornar uma instrutora pessoal em tempo integral, alguém que inspira as pessoas de forma profunda e autêntica.

EXERCÍCIO

Conhecendo e apreciando o seu medo

Parte 1

Pense a respeito ou escreva em um papel algo importante que você gostaria de fazer ou de dizer, já há algum tempo, mas não conseguiu fazê-lo porque o medo o impediu. Pode ser algo "grande" ou "pequeno". Pode ser uma conversa; uma mudança na carreira, no relacionamento ou numa situação de vida; a compra de algo; ter um filho; deixar algo para trás ou qualquer outra coisa.

Parte 2

Pense a respeito ou descreva no papel, honestamente, quais os seus medos a respeito de fazer ou de dizer essa coisa específica. Vá fundo e se permita verdadeiramente pensar a respeito e sentir do que você tem medo em relação a isso.

Parte 3

Pense ou escreva algumas das coisas que você consegue apreciar nesses medos específicos. De que modo o fato de você entrar em contato com tais medos poderá ajudá-lo a fazer as pazes com eles e até mesmo lhe trazer a coragem ou motivação para fazer ou dizer exatamente o que o anda apavorando?

Utilizando o poder do seu medo de forma positiva

Quando somos capazes de compreender nosso medo, lembrar que todo mundo se apavora com alguma coisa eventualmente, que não há nada de errado conosco quando isso acontece, quando conhecemos como é o nosso medo e com que ele se parece e o apreciamos – mesmo que seja desconfortável – então podemos alcançar o poder do nosso medo de forma positiva. Sei muito bem que esse não é o jeito convencional para muitos de nós nos aproximarmos dos nossos medos, e alguns poderão argumentar que não existe nada de positivo no medo, sob nenhum aspecto. Entretanto, se olharmos um pouco mais fundo e nos determinarmos a ser mais honestos, poderemos aprender a transformar nossos medos e, na verdade, utilizá-los de um jeito muito positivo, para sermos mais livres, autênticos e corajosos em nossas vidas.

Não devemos permitir que nossos medos nos impeçam

No verão de 2004 o meu relacionamento com Michelle havia chegado a uma encruzilhada. Naquele verão fazia três anos e meio que havíamos nos conhecido, e já morávamos juntos havia mais de dois anos. Um dos pontos de atrito no nosso convívio, mais por parte de Michelle com relação a mim (bem como de muitos dos nossos amigos e, especialmente, por parte das amigas mais ligadas a ela) tinha a ver com o nosso futuro (a questão principal era se iríamos nos casar e quando isso aconteceria).

Conversamos um pouco a respeito do assunto – de forma honesta, muito aberta e, às vezes, com alguma intensidade. Tentávamos nos ouvir mutuamente e ser tão compassivos um com o outro quanto conseguíamos. Nos piores momentos, no entanto, a coisa ficava meio estranha, dolorosa e, às vezes, feia. Michelle começava a pressionar e eu tentava recuar – uma dinâmica muito comum nos relacionamentos entre homem e mulher, em especial quando se trata de assumir um compromisso.

Eu sabia, no meu íntimo, que se resolvesse me casar com Michelle por me sentir pressionado por meus amigos ou pelos amigos dela, ou até mesmo porque "já estava na hora, já morávamos juntos havia muito tempo e tínhamos a idade certa", eu me ressentiria muito no futuro, e ela também. A coisa não iria funcionar desse jeito. Apesar de eu estar consciente de alguns receios e dúvidas com relação a me casar – não só com Michelle, mas me casar, simplesmente –, eu não tinha olhado de verdade para alguns dos meus medos mais profundos, que acabei por associar ao nosso relacionamento e a mim mesmo, na qualidade de marido e pai em potencial.

Graças a algumas excelentes sessões com instrutores de aprimoramento pessoal, acompanhadas de feedback e terapia, fiquei frente a frente com medos muito profundos dos quais eu não tinha consciência até então. A questão da confiança ou, no caso, da falta dela, começou a surgir com clareza. Mais que isso, percebi pela primeira vez na vida que não confiava em mim mesmo e estava, na verdade, apavorado com tudo aquilo. Diante da ideia de estar em definitivo com Michelle, de nos casarmos e constituirmos uma família juntos, vi que não confiava em mim mesmo nem na minha capacidade de ter sucesso na empreitada.

Morria de medo de estragar o relacionamento, a vida dela e a vida dos filhos que pudéssemos ter. Pensava comigo mesmo: "E se eu falhar com ela, traí-la, magoá-la, ferir nossos filhos, ficar deprimido, perder o interesse no casamento, não tiver as qualidades de um bom marido ou pai, acabar me mostrando um fracasso nessas áreas, ou morrer?" Todas essas coisas me pareciam terríveis. Percebi que estava evitando tudo no inconsciente ou tentando ter certeza, antes de me sentir "pronto" para casar, que nada disso iria acontecer.

Descobrir isso foi muito doloroso, assustador e humilhante a princípio, mas no fim acabou sendo libertador. Eu sabia que fugir de todos aqueles medos ou fingir que eles não existiam não iria adiantar nada. Era preciso admiti-los, assumi-los, percebê-los, expressá-los e transformá-los. Apesar de me sentir vulnerável e assustado demais para admitir tantas coisas, nos sentamos juntos uma tarde, eu e minha mulher, e eu lhe contei tudo. Michelle não me pareceu chateada; na verdade ela se mostrou grata por eu perceber tudo e estar disposto a compartilhar meus sentimentos de forma tão honesta. A partir desse ponto, tivemos várias conversas maravilhosamente autênticas e sinceras a respeito do nosso relacionamento, do futuro e dos medos que ambos tínhamos.

Ao compreender e compartilhar essas coisas com Michelle, comecei a me sentir em paz comigo mesmo e com os medos mais profundos sobre a possibilidade de casarmos. Foi então que eu fiz a mim mesmo uma pergunta muito importante: "Se eu confiasse plenamente em mim, o que eu faria?" A resposta foi clara e óbvia. Três semanas depois, no dia 1º de agosto de 2004, pedi Michelle em casamento. Em junho do ano seguinte, nos casamos!

O medo de me casar e de ser pai não desapareceu de forma mágica, podem acreditar que não desapareceu *mesmo*. Entretanto, eu me sinto mais capaz de me mover através dos medos, de reconhecê-los, de assumi-los e de expressá-los, tanto para mim quanto para Michelle.

Desde que ficamos noivos em 2004 e nos casamos em 2005, eu ainda passo por muitos momentos de medo e dúvida, especialmente com relação a ser marido de Michelle e pai de nossas duas filhas, Samantha e Annarose. Muitas vezes eu me pergunto: "Será que estou fazendo a coisa certa?"; "O que acontecerá se eu falhar?"; "Elas me amam?"; "Por que foi mesmo que eu disse que toparia essa vida, para começo de conversa?"; "Isso é muito difícil, eu quero fugir." Quando esses medos surgem, faço o possível para enfrentá-los diretamente, me responsabilizar por eles e superá-los de forma honesta. Adoro ser casado com Michelle e ter minhas filhas, mesmo quando as coisas ficam difíceis ou assustadoras. Conseguir ser honesto comigo mesmo e com Michelle a respeito dos meus medos, de forma vulnerável e autêntica, faz com que eu siga em frente, e meus receios não me impedem de amar minha mulher, nem minhas filhas, nem de fazer tudo o que me for possível para ser o melhor marido e pai que conseguir ser.

VEJA ISTO

O impacto de não expressar nosso medo

Segundo o Dr. Charles L. Whitfield, médico, psicólogo, escritor e pioneiro em recuperação de traumas, catedrático do Instituto de Estudos sobre Álcool e Drogas da Universidade Rutgers e ainda consultor de pesquisas e colaborador do Centro de Controle de Doenças, "O medo não expressado pode resultar em desordens relacionadas com ansiedade, insônia, arritmias cardíacas, disfunção sexual e outras doenças relacionadas ao estresse".

Como seguir em meio ao nosso medo de forma positiva

Existem algumas coisas simples, mas eficazes, que podemos fazer para transformar nossos receios. O medo é uma emoção poderosa que pode ser canalizada, transformada e utilizada de forma positiva – se e quando estivermos dispostos a encará-lo e atravessá-lo de forma consciente. Ser capaz de transformar nossos medos exige percepção, compromisso, coragem e prática. Para a maioria de nós, isso não é fácil. Porém, à medida que conseguimos fazer isso com mais facilidade, a nossa capacidade de sermos livres e autênticos aumenta de forma dramática.

Você poderá utilizar as ideias específicas listadas aqui em qualquer momento que sentir um nível moderado ou intenso de medo – a respeito de algo específico ou genérico. Seguir estes estágios vai lhe permitir se sentir em paz com seu medo e, por fim, ajudá-lo a alcançar o poder sobre ele de um jeito que reforçará a sua autenticidade.

1. Admita o seu medo. Reconheça o seu medo, fale a verdade a respeito dele e seja autêntico. Quando nos sentimos assustados e nos mostramos dispostos a admitir isso para nós mesmos com compaixão, isso nos pacifica e nos dá espaço para respirar com mais calma. Por exemplo, se você está prestes a ter alguma conversa importante, fazer uma apresentação, conhecer alguém novo, assumir um risco, participar de uma reunião sobre algo crítico ou qualquer outra coisa que o assuste, é sempre melhor ser honesto consigo mesmo em vez de fingir que não existe o medo, tentar se convencer à força de que tudo está bem ou simplesmente "sorrir e aguentar firme". Admitir o medo é como destampar uma panela de água fervendo; um pouco do vapor sai e a pressão diminui, mesmo que só um pouco. Lembre-se de que todo mundo fica apavorado, não há nada de errado em sentir medo, e a primeira e mais importante coisa a fazer quando o medo surge é admiti-lo.

2. Assuma o seu medo. Este ponto trata de assumir a responsabilidade pelos seus receios e assumi-los como seus e de mais ninguém. Em outras palavras, não culpar ninguém pela situação que o apavora. Muitas vezes pensamos ou dizemos coisas do tipo "Fulano me deixa nervoso". A verdade é que ficamos nervosos perto de determinada pessoa ou sentimos medo por causa de algo que achamos que ela possa fazer ou dizer. Não se trata de um jogo de palavras, e sim de uma mudança radical na maneira pela qual nos relacionamos com a vida, com os outros, com as circunstâncias e com nossas emoções – no caso, o nosso medo. Todos nós temos receios profundos dentro de nós, e certas pessoas ou circunstâncias podem nos tornar nervosos. Entretanto, em vez de culparmos determinada coisa ou pessoa, podemos assumir a responsabilidade pelos nossos medos, uma vez que eles pertencem a nós mesmos, para começo de conversa. Assumir seus temores é um aspecto essencial do seu processo de ir em frente através do medo, transformando-o e utilizando-o de forma positiva.

3. Sinta o seu medo. Para muitos de nós, como eu, conversar a respeito do medo é, na verdade, muito mais fácil do que senti-lo de verdade. Porém, antes de podermos expressar nosso medo e transformá-lo, é necessário senti-lo de verdade. Como fazer isso? Analise o seu corpo – pode ser que você perceba o coração batendo, as mãos suadas, talvez a respiração curta e entrecortada ou um tremor nas pernas. Repare na sua mente. Talvez você tenha pensamentos apavorantes, esteja preocupado com "o pior que pode acontecer" ou se veja preso a todas as coisas que acha que poderão dar errado. Sinta o medo de forma emocional. Você pode fechar os olhos e tocar com a alma as suas emoções, e talvez perceba que deseja rir, chorar, gritar ou algo mais. O que quer que surja em sua mente, física, mental ou emocionalmente – veja se você consegue simplesmente *deixar* o sentimento ali e se permitir unicamente *senti-lo*.

4. Expresse o seu medo. Depois de sentir o medo, existem muitas formas saudáveis de expressá-lo. Conversar alto com alguém em quem você confie, escrever seus medos em um pedaço de papel, gritar e berrar a plenos pulmões para soltar a emoção (supondo que você esteja em um local onde isso seja possível) – existem muitas formas de expressar seu medo como forma de permiti-lo fluir através de você. Eu, por exemplo, muitas vezes converso a respeito dos meus medos com Michelle ao telefone, antes de enfrentar uma reunião importante, de dar uma entrevista, de fazer uma palestra ou de realizar qualquer outra coisa que me provoque medo. Isso sempre me faz sentir melhor e me ajuda a liberar e transformar meu medo. Michelle, às vezes, me pede para dar um grito assustador daqueles tipo "Tarzan" dentro do carro ou do quarto do hotel, não só para expressar meu medo como também para modificar meu estado físico, mental e emocional – coisa que sempre é recomendável no processo de se expressar e mover através do medo. E se ela acha que eu preciso relaxar ainda mais e parar de me levar muito a sério – coisa que, às vezes, acontece – ela me pede para cantar em falsete algum refrão tirolês tipo "ori-le-i-ti" algumas vezes, aos berros, até que eu caia na risada (o que não demora muito, porque é realmente ridículo). O riso autêntico é, muitas vezes, uma forma fantástica de liberação de energia represada. É também um sinal de que expressamos nosso medo de um jeito que criou um determinado espaço mental e emocional.

5. Deixe para trás o seu medo. Essa é outra dica da qual, muitas vezes, é mais fácil falar do que colocar em prática, para mim e para a maioria das pessoas. Só que abandonar e deixar o medo para trás é importante, poderoso e perfeitamente possível. Todos nós temos montes de experiência com deixar os medos para trás – fazemos isso muitas vezes ao longo da vida, só que não prestamos muita atenção aos medos que largamos pelo caminho e focamos mais a atenção nos receios que vivenciamos no momento. Deixar os medos para trás é, no fim das contas, uma escolha. É muito mais fácil e natural fazê-lo, desde que você reserve um tempo para admiti-lo, assumi-lo, senti-lo e expressar seus medos – entretanto, o resultado será muito melhor se o processo for realizado de forma intencional. Eu sempre preciso dizer a mim mesmo (às vezes em voz alta): "Escolho deixar meu medo para trás e utilizar toda minha energia em uma direção positiva." Essa declaração, ou outra parecida, sempre me mostra que estou pronto para deixar o medo para trás. Para isso funcionar, sua escolha e sua declaração a respeito de abandonar o medo, deixando-o para trás, devem ser genuínas, mesmo que, a princípio, lhe pareça que você está "fingindo" tudo isso. Por mais que lhe pareça paradoxal, isso não significa que o seu medo vai desaparecer de forma completa e imediata simplesmente porque você pensa ou fala que vai deixá-lo para trás. Trata-se de um processo e uma prática – quanto mais ela for executada, mais fácil se tornará.

6. Visualize os resultados positivos que você deseja. É aqui que você começa a transformar a energia do seu medo em algo que possa usar de forma positiva. Ao passar pelos cinco primeiros estágios, você foi capaz de admitir, assumir, sentir, expressar e, por fim, deixar para trás o seu medo. Isso foi incrivelmente fortalecedor e libertador. Depois de vivenciar o sentimento de se libertar do seu medo – mesmo que em volume pequeno – você poderá preencher o espaço mental e emocional que ficou com pensamentos positivos, sentimentos e desejos. Como fazer isso? Reserve algum tempo para meditar a respeito, falar em voz alta, escrever ou fechar os olhos e visualizar como você deseja que as coisas sejam e, o mais importante, como se sente a respeito delas. Se o seu medo está focado em algo específico (um relacionamento, por exemplo), visualize-o sendo como você quer que ele seja e permita a si mesmo sentir como deseja. Se sua preocupação é uma pressão no trabalho ou no escritório e você quer diminuir o nível de estresse e ansiedade, visualize-se cercado em paz e calma diante do que normalmente seria uma reunião difícil, por exemplo. Qualquer que seja aquilo que você deseja especificamente que aconteça ou como você quer se sentir, foque nesse resultado e nas emoções que advirão dele. Quando conseguir ver isso mentalmente e sentir no coração, as chances de manifestar e experimentar tudo em sua vida ficarão muito aumentadas.

7. Entre em ação. Este estágio final é essencial para o seu processo de transformação do medo. Susan Jeffers é a autora de um maravilhoso best-seller denominado *Tenha medo... e siga em frente*. Que grande mantra para usarmos e seguirmos todos os dias da nossa vida! Essa é a verdadeira coragem! Depois de trilhar seu caminho ao longo de todos esses estágios – enfrentar, assumir, experimentar, expressar, deixar o medo para trás e, por fim, visualizar como deseja que as coisas sejam a fim de se sentir positivo – você terá a oportunidade de entrar em ação de forma inspiradora e corajosa. Talvez suas pernas tremam, talvez sua voz falhe, mas isso não o impedirá de dizer o que está na sua cabeça, de assumir o risco, de fazer um pedido, de tentar algo novo ou de ser audaz de algum jeito, grande ou pequeno. Quanto mais você se desafiar a entrar em ação, até mesmo (e especialmente) se a ação for algo que possa gerar algum nível de receio dentro de você, mais conseguirá aumentar o seu nível de confiança e enviar uma mensagem mental, garantindo a si mesmo que você pode fazer, dizer e ser exatamente quem é – mesmo que esteja inicialmente apavorado com isso. É assim que uma pessoa se move através do medo. É assim que podemos transformá-lo para usar a energia e o poder dele como catalisadores da nossa autenticidade.

PRÁTICAS

A seguir, apresentamos várias práticas poderosas que você poderá usar no seu dia a dia para servir de apoio e transformar o seu medo.

1. Respire. Essa é uma prática simples, mas profunda. Respirar é, obviamente, algo que fazemos todos os dias, o tempo inteiro. Só que este, em especial, é um dos aspectos mágicos no nosso corpo físico, porque nós podemos respirar tanto de forma voluntária quanto involuntária. Quanto mais você colocar em prática a respiração consciente e se policiar para respirar de forma profunda regularmente, mais conseguirá alcançar o poder da respiração, o controle do corpo e das emoções. Respirar fundo acalma, baixa a pressão arterial, reduz os batimentos cardíacos e é uma grande forma de percebermos melhor os pensamentos e sentimentos, de forma consciente. Existem livros, CDs de áudio e cursos sobre respiração, entre vários outros recursos fantásticos para aprender a se tornar mais eficaz na arte de respirar. Você pode buscar qualquer um desses recursos ou simplesmente reservar alguns minutos do seu tempo para prestar atenção à sua respiração, visando se acalmar, e usar as condições de respiração como forma de se mover através do medo e se tornar mais em paz com a sua vida.

2. Escolha fazer coisas novas que assustem você. Escolha algumas coisas que lhe tragam medo e planeje fazê-las apesar disso. Quanto mais você tiver a sensação de "sentir o medo e ir em frente mesmo assim", mais conseguirá aumentar a sua confiança e a sua capacidade de desenvolver coragem. Não se trata de ser maluco e se colocar deliberadamente sob pressão ou em perigo. Trata-se de se forçar a seguir no rumo do crescimento, força e evolução. Pode ser que você queira cantar em um karaokê, deseje escrever algo pessoal e criativo para compartilhar com os outros, construir algo com as próprias mãos, fazer uma declaração em público, pular de paraquedas ou qualquer outra coisa, "grande" ou "pequena". Faça uma lista de cinco ou mais coisas que você teria verdadeiro pavor de fazer, mas sabe que, se conseguir fazê-las, estará aumentando sua capacidade de ação corajosa. Depois de montar a lista, comece a colocá-la em prática. Geralmente é melhor fazer essas coisas em companhia de outra pessoa ou, pelo menos, ter alguém para servir de apoio e dividir a responsabilidade.

3. Ofereça a si mesmo um tempo e um espaço para sentir o seu medo. Muitas vezes estamos tão ocupados que não oferecemos a nós mesmos tempo suficiente, especialmente em relação a vivenciarmos nossos sentimentos de forma verdadeira. Tire um tempinho para si mesmo regularmente, talvez quando estiver meditando, rezando, dando uma caminhada ou tomando uma ducha; quem sabe dirigindo seu carro e assim por diante. Permita-se sentir de verdade o seu medo. Repito que não estamos falando de preocupar-se de forma debilitante, e sim de oferecer a si mesmo o espaço e o tempo para vivenciar seus receios de forma emocional e honesta, que é o ponto mais importante na busca para transformá-lo. Quanto mais você exercitar a sensação de sentir o medo, mais será capaz de passar através dele com facilidade.

4. Utilize a técnica para transformação do medo – escreva, destrua, visualize. Esta é uma técnica tangível que você poderá utilizar quando estiver enfrentando algum medo significativo em sua vida, quiser transformá-lo e utilizar sua energia de forma positiva. Aprendi essa técnica com Chris Andersonn, meu terapeuta, e a utilizo em mim mesmo e nos outros o tempo todo. Existem três passos importantes neste processo.

Passo 1 – Escreva todos os seus medos em um pedaço de papel. Faça isso três vezes. Repetir a mesma coisa três vezes tem um significado simbólico. É uma atividade que envolve a mente subconsciente e nos permite admitir, assumir, sentir e expressar nosso medo.

Passo 2 – Destrua os três papéis com fogo ou com água, queimando-os ou rasgando-os em mil pedaços e jogando-os no vaso sanitário e dando a descarga. Ao destruir esses papéis, diga a si mesmo "Estou me libertando de todos os medos".

Passo 3 – Sente-se ou deite-se em algum lugar, feche os olhos, relaxe e visualize seus medos sendo erguidos e transformados em pura energia positiva. Sempre que faço isso, muitas vezes visualizo meus medos como cobertores molhados ou montes de lixo que estão sendo retirados de cima de mim, queimados e então transformados no que eu quero que aconteça ou no que desejo sentir. Ao completar a visualização, permita a si mesmo ver e sentir os resultados e as emoções específicas que você deseja experimentar em relação às coisas das quais sente medo. Em outras palavras, foque em como você quer que as coisas sejam, como deseja que elas pareçam e como deseja se sentir.

Agora que analisamos a importância de conhecermos a nós mesmos e de transformar os medos nesta caminhada rumo à maior autenticidade em nossas vidas, no nosso trabalho e nos nossos relacionamentos, podemos seguir para o Princípio 3, *Se expresse*, para mergulharmos no poder de colocar para fora nossa verdade e expressar nossos pensamentos e sentimentos de forma autêntica.

5

PRINCÍPIO 3

Se expresse

"Seja sempre quem você é e expresse sempre o que você sente, porque os que ligam para isso não são importantes, e os que são importantes não ligam."

Dr. Seuss

A atitude de nos manifestarmos de forma completa é fundamental para a capacidade de ser quem somos de verdade e viver com autenticidade. Entretanto, conforme já discutimos, a autoexpressão autêntica não é fácil para muitos de nós, devido ao nosso passado, nosso condicionamento social, receio dos julgamentos das outras pessoas e muito mais. Apesar de todos nós desejarmos que as pessoas à nossa volta sejam honestas, abertas e verdadeiras, e nós mesmos, por nossa vez, busquemos a liberdade para nos expressar de forma autêntica, quando chega a "hora da onça beber água", muitas vezes seguramos nossos sentimentos e pensamentos verdadeiros.

Aqui no Princípio 3, *Se expresse*, vamos dar uma olhada em como podemos nos expressar por completo e com clareza. Ao fazermos isso – mesmo que seja assustador ou difícil –, criaremos um senso de liberdade, confiança e realidade para nós mesmos e para todos à nossa volta. Essa sensação não será apenas libertadora, mas também absolutamente irresistível e gratificante. Expressarmos os sentimentos por completo, da forma mais honesta que conseguirmos, é uma das coisas mais desafiadoras e importantes para realizarmos em nossa jornada de crescimento e descoberta, pois passamos a incorporar cada vez mais autenticidade às nossas vidas.

Expressando a nossa verdade

Até que ponto você é honesto? Apesar de a maioria de nós, praticamente todos, não sermos mentirosos descarados que andam por aí enganando as pessoas de forma consciente, se formos sinceros com nós mesmos a respeito disso deveremos reconhecer que muitas vezes não colocamos para fora toda a nossa verdade. Isso pode ser assustador e nos tornar vulneráveis, e normalmente não somos incentivados nem treinados a fazer isso. Muitas vezes parece "inapropriado" ser totalmente transparente em muitas situações e relacionamentos. Uma grande metáfora para esse fenômeno é a estrutura do iceberg – normalmente apenas a "ponta do iceberg" aparece na superfície ou acima da linha d'água, enquanto a maior parte dele está abaixo da linha d'água.

É assim que, muitas vezes, passamos pela vida – mostrando apenas a ponta dos nossos icebergs pessoais. Essa dinâmica é compreensível, normal e encorajada em nossa cultura, mas não nos permite expressar por completo quem somos de verdade. O que é necessário para vivermos nossa vida, termos relacionamentos e fazermos o nosso trabalho em um nível mais profundo de autenticidade é abaixarmos essa linha d'água, compartilharmos mais com os outros a pessoa que realmente somos e expressarmos a nossa verdade com coragem.

Caindo na real

Ser capaz e determinado na arte de abaixar sua "linha d'água" pessoal é uma coisa que todos nós podemos fazer para nos tornarmos mais verdadeiros em todos os aspectos da nossa vida. O que está abaixo da sua linha d'água e que, muitas vezes, você não deseja compartilhar com os outros nem expressar em voz alta?

Aqui estão algumas das coisas que muitas vezes se encontram abaixo das nossas linhas d'água:

- Falhas
- Opiniões (preocupamo-nos por elas não serem compartilhadas pelos outros)
- Confusão
- Vergonha
- Culpa
- Medos
- Raiva
- Inseguranças
- Fraqueza

- Constrangimento
- Julgamentos (dos outros e de nós mesmos)
- Desafios
- Ressentimento
- Ciúme
- Solidão

E muitas outras coisas que não consideramos "aceitável" que as pessoas saibam a nosso respeito ou que não julgamos "apropriado" expressar.

A maioria desses exemplos é de coisas que consideramos "ruins". Entretanto, se pensarmos nisso com profundidade, existem também muitas outras coisas abaixo da nossa linha d'água que são positivas, mesmo que, às vezes, seja um desafio compartilhá-las com os outros. Eis aqui alguns exemplos:

- Esperanças
- Sonhos
- Paixões
- Visões
- Felicidade
- Realizações
- Objetivos
- Amor
- Reconhecimento
- Empolgação
- Gratidão
- Curiosidade
- Criatividade

E todas as outras coisas "positivas" que muitas vezes hesitamos em compartilhar por temermos a percepção ou o julgamento de nós por parte dos outros.

Não importa que consideremos alguma coisa a respeito das nossas vidas como "boa" ou "má", existem também muitas outras coisas que consideramos "fora dos limites" para compartilharmos com os outros. Não estou defendendo a ideia de que devemos contar a todas as pessoas tudo a nosso respeito, mas creio que para sermos quem realmente somos e vivermos com um senso profundo de autenticidade, é essencial começarmos a compartilhar mais coisas a respeito de nós mesmos. Isso pode ser assustador ou parecer um desafio, mas é uma das melhores formas de cairmos na real e alcançarmos o poder e a liberdade da autenticidade.

Entretanto, é importante lembrar que cair na real e dividir nossos verdadeiros sentimentos com os outros não se trata de reclamar das coisas, "compartilhar traumas" (uma forma manipulativa de conseguir a atenção das pessoas ou fazer o papel de "vítima" na vida), sentir pena de nós mesmos ou até mesmo nos vangloriarmos – tudo isso, embora seja comum, é baseado em ego e irrealidade. Os elementos-chave do compartilhamento verdadeiro são a honestidade, a responsabilidade e, o mais importante, a vulnerabilidade. Quando somos verdadeiros, assumimos a responsabilidade pela forma como nos sentimos (sem culpar os outros, nem as circunstâncias incontroláveis) e compartilhamos com os outros o nosso jeito de ser de maneira vulnerável, conseguimos tocar no verdadeiro poder da autenticidade.

Ser honesto e vulnerável

Duas das mais autênticas e inspiradoras pessoas que eu conheço são Rich e Yvonne St. John-Dutra. Eles são amigos queridos, instrutores e fundadores de uma incrível organização chamada Challenge Day [Dia de Desafio], que organiza oficinas de desenvolvimento pessoal a respeito de experiências pessoais capazes de modificar vidas. Essas oficinas são voltadas para adolescentes, escolas e pessoas de todas as idades. Como amigos, mentores e através de suas oficinas, Rich e Yvonne me ensinaram muitas coisas a respeito da vida, dos relacionamentos, de crescimento e, em especial, de autenticidade.

Foram eles que me apresentaram a metáfora do iceberg, e eles a usam como elemento-chave em todo o trabalho que desenvolvem. Um dos exercícios mais poderosos das suas oficinas Challenge Day se chama "Se você me conhecesse de verdade". Esse exercício teve um profundo impacto na minha vida e se tornou algo que eu passei a utilizar sob várias formas com muitos dos grupos e pessoas com quem trabalhei e a quem servi de instrutor ao longo dos anos. Ele oferece às pessoas uma fabulosa oportunidade de elas se tornarem verdadeiras e vulneráveis. Seu modo de funcionamento é o seguinte: cada pessoa no grupo – cada grupo tem algo entre quatro e oito pessoas (embora o exercício possa ser feito a dois ou com grupos maiores) – recebe um ou dois minutos de atenção exclusiva de todo o resto do grupo e repete a frase: "Se vocês realmente me conhecessem, saberiam que..." e então a pessoa completa a frase compartilhando coisas a respeito de si mesmos que são verdadeiras, vulneráveis e abaixo da linha d'água (pensamentos, sentimentos, sonhos, inseguranças, opiniões, paixões e assim por diante).

Não existe pressão nem expectativa sobre cada um para dividir com os outros qualquer coisa que não queira – trata-se simplesmente de um desafio que os fará sair da sua zona de conforto, fazer a escolha de confiar nas pessoas do grupo e se mostrar mais aberto, mais verdadeiro e vulnerável do que normalmente se mostraria em público. Para esse exercício funcionar é essencial que as pessoas se sintam seguras e saibam que tudo o que disserem ali será mantido sob sigilo, e que as outras pessoas do grupo farão o possível para prestar toda a atenção e valorizar cada pessoa que compartilhe seus pensamentos e sentimentos.

Todas as vezes em que participo desse exercício ou trabalho como facilitador para a sua realização, eu me surpreendo com o seu poder. As pessoas riem, choram, caem na real, se livram de fardos que carregavam há muito tempo e acabam se conectando umas às outras de verdade, coração com coração, de forma autêntica. Apesar de alguns indivíduos e grupos estarem dispostos a ir mais fundo que outros e, em alguns casos, essa atividade pareça uma barreira a ser vencida, eu nunca a vi falhar. Coisas admiráveis acontecem. As pessoas são capazes de compreender, conhecer e adquirir compaixão genuína umas pelas outras, mesmo que tenham acabado de se conhecer ou imaginem não ter nada em comum. O que eu sempre percebo através do exercício e ouço as pessoas comentando, de diferentes formas, é que embora cada um de nós seja um ser único, somos muitos mais semelhantes uns aos outros do que diferentes. Quando temos a coragem de ser absolutamente francos, honestos e expressar nossa verdade, o exercício se torna uma das experiências de ligação humana mais significativas e gratificantes que podemos ter como seres humanos.

Se você me conhecesse de verdade...

Como forma de servir como modelo do exercício e me mostrar mais verdadeiro e vulnerável, para que vocês possam saber mais sobre quem eu sou, vou abaixar a minha linha d'água neste exato momento, como se estivéssemos sentados em um grupo e trabalhando com este poderoso exercício.

Se você me conhecesse de verdade saberia que, apesar de me sentir empolgado e honrado em escrever este livro, conversar sobre autenticidade e trabalhar para que as pessoas sejam mais verdadeiras e realizadas em suas vidas, isso é espantosamente desafiador e apavorante para mim. Eu me coloco em dúvida o tempo todo e, às vezes, acho que não tenho a mínima ideia do que estou falando. Pior do que isso: vivo preocupado de que as pessoas vejam através de mim e descubram que, na verdade, luto constantemente para praticar o que ensino, e que muitos aspectos da minha vida, do meu trabalho e dos meus relacionamentos não são tão cheios de autenticidade, apreciação ou realização quanto eu gostaria que fossem.

Se você me conhecesse mesmo, se você me conhecesse de verdade, saberia que, eventualmente, eu me odeio tanto e em tal medida que, às vezes, é difícil olhar para meu reflexo no espelho ou focar em outras coisas a não ser as que eu julgo que estão erradas em mim. Eu me julgo, julgo meu corpo, minha aparência, julgo o que eu digo, como me comporto e a forma como, às vezes, interajo com as pessoas de modo incrivelmente mesquinho ou rude. Consigo ser hipercrítico com quase todos os aspectos de mim mesmo. Muitas vezes me considero uma fraude, um completo perdedor. Embora eu "saiba" que não é bem assim, uma parte de mim mesmo acha que, a fim de eu ficar bem e ser amado, preciso ter sucesso na carreira, parecer lindo, ganhar todas, me dar bem e ser alguém que as pessoas universalmente admiram e respeitam.

Se você me conhecesse mesmo, se me conhecesse de verdade, saberia que eu tenho uma visão panorâmica da minha vida e do meu trabalho que é incrivelmente sagrada para mim. Acredito que estou em uma caminhada espiritual e vim aqui para desenvolver um trabalho importante. Sei que tenho a capacidade de me curar e crescer; de auxiliar os outros a curarem a si mesmos e crescerem; de dar apoio à cura e ao crescimento do nosso planeta. Muitas vezes é desconfortável admitir isso porque me preocupo em parecer arrogante, grandiloquente ou esnobe; acho que as pessoas vão me julgar; receio acabar erradicando minha vida ou a vida da minha família, passando a trabalhar mais do que realmente gostaria ou fazendo coisas que são mais desafiadoras ou apavorantes do que me sinto capaz de realizar; ou que meu ego assuma o comando de tudo (como às vezes acontece), eu entre nesse clima e transforme tudo em ganhar dinheiro, vender livros, obter fama e ser bem-conceituado. E devido a esse medo e a essa confusão pessoais a respeito disso, muitas vezes eu traio minhas ideias básicas, não corro atrás do que realmente quero e não expresso minha verdade em nível profundo – embora pareça fazer isso, na superfície.

EXERCÍCIO

Se você me conhecesse de verdade...

Agora é a sua vez de abaixar sua linha d'água! Há várias formas de realizar este exercício, e embora seja bom se você começar a pensar, escrever ou falar as coisas mentalmente, só para você, o objetivo é compartilhar sua verdade com os outros, com o maior número possível de pessoas, e de um modo que sirva melhor ao seu crescimento e ao seu desejo de ser verdadeiro. Aqui vão algumas opções de como realizar este exercício.

Opção 1

Monte um diário, pegue um pedaço de papel, abra um arquivo no computador, um e-mail ou blog. No alto do espaço em branco digite "Se você me conhecesse de verdade..." e então comece a escrever qualquer coisa e tudo que tiver coragem de compartilhar – raiva, paixões, medos, sonhos, culpa, realizações, fracassos, objetivos ou qualquer coisa que lhe pareça verdadeira ou vulnerável. Quando acabar de escrever, compartilhe isso com os outros – por e-mail, na internet, fazendo com que as pessoas leiam ou lendo para elas em voz alta.

Opção 2

Sente-se com o seu companheiro ou companheira, ente querido, membro da família, amigo, chefe, colega ou qualquer pessoa – de preferência olho no olho (embora também possa ser pelo telefone, se você não morar perto do interlocutor) – e tenha uma conversa honesta com essa pessoa, só vocês dois. Talvez seja uma boa ideia explicar a respeito deste livro, da metáfora do iceberg, do seu compromisso em ser verdadeiro e autêntico. Explique isso logo de cara, para que a pessoa saiba o que o motivou a fazer isso e aonde você pretende chegar. Depois de dar início, comece com a frase padrão "Se você me conhecesse de verdade..." e então compartilhe com a(s) pessoa(s) o máximo que conseguir, a partir de um lugar honesto, profundo e vulnerável. Talvez seja uma boa ideia determinar um tempo-limite para si mesmo (alguns minutos são o suficiente) e pedir para que a(s) pessoa(s) não o interrompam, não façam perguntas nem demonstrem espanto – isso normalmente torna as coisas mais fáceis e seguras. Pode ser que, no fim, elas queiram responder ou comentar algo específico que você tenha dito ou, talvez, acabem se interessando em fazer, elas mesmas, uma sessão do "Se você me conhecesse de verdade...".

Opção 3

Desenvolva esta atividade em uma roda de amigos, familiares, sua equipe de trabalho ou qualquer grupo de pessoas. Normalmente esta opção funciona melhor em um grupo de quatro a oito pessoas, mas pode ser feito com qualquer número. É essencial explicar a todos o que você está fazendo e como tudo acontecerá. Utilizar a analogia do iceberg, apresentar uma imagem dele em um cartaz ou desenhá-lo num quadro é uma ótima ideia para exercícios em grupo. Para isso dar certo, é vital que as pessoas se sintam seguras, encorajadas e saibam que tudo o que disserem permanecerá em sigilo. A coisa funcionará melhor se você for o primeiro, porque as pessoas vão acompanhar o seu exemplo. Portanto, quanto mais disposto você estiver a abaixar a sua linha d'água, mais provável será que os outros o acompanhem de um jeito verdadeiro e autêntico.

Deixando os fardos para trás e seguindo em frente

Outra pergunta que eu fiz a muitas pessoas – amigos, familiares, clientes e outros – enquanto preparara este livro foi: "Você lembra de algum momento em sua vida em que disse algo importante, uma verdade que veio de dentro de você e que teve um impacto positivo (em outras palavras, você foi honesto consigo mesmo, embora talvez tivesse receio ou fosse difícil – e deu tudo certo)?"

Mais uma vez, as respostas a essa pergunta foram fascinantes. Apesar de cada uma ser única, os temas básicos nas respostas da maioria das pessoas tinham a ver com ser capaz de abandonar algum fardo do passado e seguir em frente rumo a um novo relacionamento com alguém em especial ou com um novo tipo de vida. Aqui estão dois exemplos de respostas que eu obtive. Jennifer disse:

> "Quando eu estava crescendo, minha mãe não se mostrava nem um pouco protetora. Eu podia ficar em pé chorando diante dela, que ela não me dava conforto. Minha impressão, durante muitos anos, foi que chorar era um sinal de fraqueza e que a fraqueza era algo ruim. Para conseguir a aprovação da minha mãe,

senti que precisava ser forte e não chorar nunca. Isso era incrivelmente difícil para mim; sempre fui muito passional e emotiva quando jovem, e não me parecia autêntico agir diferente. Lutava constantemente para ser mais forte.

Quando comecei a fazer terapia e percebi que não havia nada de errado comigo por chorar, literalmente bati de frente com minha mãe, já com 20 e tantos anos. Precisei de muita coragem e força para fazer isso. Durante uma longa viagem de carro, só nós duas, perguntei o porquê de ela nunca ter me consolado quando eu chorava. Ela me contou que a mãe dela era muito frágil, vivia chorando, e ela receava que eu fosse acabar como minha avó. Explicou que tentava o tempo todo me tornar mais forte. Isso me deixou espantadíssima, pois percebi que as ações de minha mãe não tinham nada a ver comigo. Aquela também foi a primeira vez em que eu consegui abrir o coração e ser realmente autêntica com ela, em vez de simplesmente tentar agradá-la. Foi um momento poderoso na minha vida e no nosso relacionamento."

Terces disse:

"O médico da minha família me pediu sigilo absoluto sobre o fato de ele ter abusado de mim, e é claro que eu concordei. Ele tinha esposa, filhos e era um oficial da Marinha. Eu aprendera a obedecer aos mais velhos e fazer o que eles queriam. Tinha 16 anos na época. Mantive o segredo e desenvolvi um seríssimo distúrbio alimentar do qual padeci durante vinte anos. Certo dia, uma voz no fundo do coração me sugeriu contar a todo mundo aquela verdade. Eu não imaginava como poderia fazer isso, depois de tantos anos. Estava casada com um homem que também era oficial da Marinha e receava sobre o que a verdade poderia causar ao meu casamento, aos meus filhos e aos meus pais. Cheguei a me perguntar se alguém acreditaria em mim.

Contei tudo e as pessoas ficaram zangadas, desapontadas e algumas delas simplesmente não acreditaram em mim. Apesar disso eu me senti livre pela primeira vez em muitos anos. Cheguei a modificar o meu nome para Terces, que significa *secret* (segredo) escrito de trás para frente, como um símbolo da importância de não guardar segredos e ser sempre honesta e aberta com a verdade. Eu nem era o tipo de pessoa que costuma mudar o próprio nome, e foi um desafio fazer isso.

Minha vida se modificou de forma dramática depois disso, e para melhor, embora, para alguns, talvez não tenha parecido assim. Comecei a me curar, a acreditar em mim mesma, a confiar na vida e a me amar de verdade. Já faz mais de vinte anos desde que eu contei a verdade e todos os dias aparece alguém que me pergunta a respeito do meu nome. Nem sempre eu lhes conto toda a história, mas meu nome é uma lembrança constante da importância de ser verdadeiro consigo mesmo."

Resolvendo conflitos

Quanto mais desfraldamos a bandeira de sermos verdadeiros e expressarmos sempre a nossa verdade, mais eficientes nos tornamos na hora de resolver conflitos de um jeito honesto, saudável e produtivo. Entretanto, quando você ouve a palavra *conflito*, o que surge de imediato em sua mente? Para a maioria das pessoas que conheço, os pensamentos, palavras, sentimentos e ideias que elas relacionam de imediato à palavra *conflito* são coisas como:

- Luta
- Desentendimento
- Guerra
- Raiva
- Frustração
- Luta por poder
- Desconforto
- Confronto
- Gritos

Entretanto, se formos um pouco mais fundo e descobrirmos os benefícios trazidos pelo conflito, especialmente depois que tudo se resolve, que tipo de coisa nos vem à cabeça? Para mim, e também a julgar pelo que as pessoas dizem nas oficinas que promovo, muitas vezes são coisas como:

- Resolução
- Novas ideias
- Compreensão
- Confiança
- Criação de laços afetivos
- Criatividade
- Percepção

- Trabalho de equipe
- Fé
- Alívio

Na realidade, o conflito tem muitos aspectos positivos, especialmente quando nos dedicamos a ele de forma direta e objetiva. A maioria das coisas negativas que nos vêm à cabeça se resume num único sentimento: medo! Ah, aqui está... Medo novamente! A maioria das pessoas com quem trabalho e converso, inclusive eu mesmo, ficam apavoradas quando se veem diante de um conflito, e inventam um monte de táticas criativas e elaboradas, muitas vezes baseadas em agressividade passiva para evitar lidar com conflito, como, por exemplo, ser "simpático", conversar com os outros a respeito de um determinado assunto em vez de lidar diretamente com ele, não gritar, "morder a língua" antes de falar e assim por diante. Mesmo as pessoas que têm tendência para arrumar briga, que gostam de discutir, que armam barracos e não têm problemas em "bater de frente" com os outros, normalmente fazem isso como estratégia pessoal para lidar com os próprios conflitos e, mais especificamente, com o próprio medo do conflito.

Perigo e oportunidade

O ideograma chinês que representa a palavra *conflito* serve para lembrar a todos a verdadeira natureza do conflito. A primeira parte do ideograma representa "perigo" e a segunda representa "oportunidade".

Essa representação é absolutamente verdadeira, vocês não acham? Sentimos o perigo, mas também a esperança da oportunidade. Isso, na verdade, é uma grande metáfora para a vida, para lidar com o medo e ser autêntico de modo geral. A única forma de alcançar a parte boa, neste caso, a "oportunidade" ou a resolução do conflito, é encarar o "perigo" do nosso medo do que poderia ser dito, feito ou comentado sobre nós no processo de abordar o assunto.

A questão não é se possuímos conflitos nas nossas vidas, no nosso trabalho e nos nossos relacionamentos – a questão é se estamos dispostos e o quanto somos capazes de lidar com eles de forma autêntica e eficaz.

VEJA ISTO
A importância do conflito

De acordo com o escritor, consultor e especialista em liderança Patrick Lencioni, autor do best-seller *Os cinco desafios das equipes*: "Todos os grandes relacionamentos, aqueles que permanecem ao longo do tempo, exigem conflitos produtivos a fim de crescer. Isso é verdade no casamento, na paternidade, na amizade e nos negócios."

Passos que podemos dar para resolver conflitos de forma autêntica e eficaz

Sempre que enfrentamos um conflito com o companheiro ou a companheira, com um ente querido, um filho, um membro da família, um amigo, um colega, um chefe, um vendedor, um cliente, um prestador de serviços, um estranho ou até mesmo um grupo ou equipe ao qual pertencemos ou no qual trabalhamos, existem só duas maneiras de resolver os conflitos de forma eficaz e autêntica.

A primeira é lidarmos com o conflito de forma direta e honesta, até que ele seja completamente resolvido. Isso, às vezes, leva algum tempo, pode ser desconfortável, e as coisas podem até piorar antes de começarem a funcionar. Porém, como todos já vivenciamos, é não só possível como incrivelmente fortalecedor quando conseguimos trabalhar nossos conflitos com os outros de forma direta e honesta.

A segunda maneira pela qual podemos trabalhar um conflito é deixar as coisas encontrarem seu curso por conta própria. Isso não significa que devemos fingir e esquecer o problema, nem que discutamos o assunto com os outros enquanto agimos de forma "simpática e educada" junto à pessoa com quem estamos em conflito. Significa apenas que devemos deixar as coisas de lado para libertálas do seu poder e do seu impacto sobre nós, sobre nosso relacionamento com aquela pessoa e sobre nossas vidas. Mais uma vez, todos nós temos muitas experiências com isso, pois existem muito mais conflitos na vida que deixamos de lado, sem insistirmos em resolver – embora os que tentemos resolver recebam a maior parte da nossa atenção.

Infelizmente, na maioria dos casos, acabamos escolhendo a "porta número três", que não é nenhuma das duas formas clássicas de resolver um conflito. Podemos tentar atacá-lo diretamente, mas quando a coisa não corre bem e ficamos apavorados, ou não nos parece haver saída, acabamos correndo aos outros para falar sobre o assunto, a fim de provarmos o quanto estamos "certos" e o quanto a outra pessoa está "errada". Ou podemos tentar deixar as coisas de lado, mas assim que surge algo remotamente próximo à questão voltamos ao conflito e usamos o caso como mais uma prova contra a outra pessoa ou contra a situação com a qual estávamos insatisfeitos desde o início.

Supondo que queiramos abordar e resolver nossos conflitos de forma autêntica, embora isso possa nos parecer desafiador e assustador, existem alguns passos específicos que podemos dar e coisas que podemos recordar que farão com que nos dediquemos ao conflito da forma mais eficiente e autêntica possível.

1. Assuma a responsabilidade. Como diz o ditado, "Quando um não quer, dois não brigam". Assumir a responsabilidade não se trata de se sentir culpado nem de culpar a outra pessoa, e sim de assumir a questão e reconhecer que cada um é parte do problema – mesmo que, na maioria dos casos, achemos que estamos "certos" e que o outro lado está "errado". Se lembrarmos sempre que não há vítimas, pois somos responsáveis pelas nossas reações e emoções, e que a verdadeira solução de um conflito não é uma questão de um ganhar e outro perder, podemos entrar no conflito com uma perspectiva responsável e autêntica, que nos permitirá ser abertos o bastante para resolver o problema de forma eficaz.

2. Aborde o conflito ou a questão de forma direta. Os conflitos são sempre enfrentados com mais sucesso quando lidamos com eles de forma direta e imediata. É importante valorizar o tempo das pessoas, o seu espaço, a sua disposição, a sua personalidade e as suas prioridades quando entramos em conflito com elas. A melhor abordagem é mostrar-lhes de forma honesta que temos algo importante para conversar e lhes pedir essa conversa. Ser verdadeiro, vulnerável e "abaixar a nossa linha d'água" ao nos envolvermos em um conflito também é essencial. Quando estou assustado, desconfortável ou me sentindo estranho por estar em conflito ou ter uma conversa difícil com alguém – o que geralmente acontece –, procuro quase sempre reconhecer esses sentimentos da forma mais honesta possível logo de cara, o que estabelecerá um tom de autenticidade à conversa.

3. Tente primeiro compreender. Independentemente da situação, da circunstância ou de como o conflito se desenvolveu ou acabou surgindo, muitas vezes ficamos na defensiva e queremos mostrar o nosso lado da história. Embora isso seja absolutamente normal, é sempre melhor parar, ouvir a outra pessoa e fazer o que for possível para compreender o lado dela. Cada uma das pessoas envolvidas em um conflito normalmente tem um motivo muito claro, racional e compreensível para ter feito o que fez, dizer o que disse ou sentir o que sente – pelo menos a partir do seu próprio ângulo. Sem precisar concordar nem discordar com ela, quando fazemos o que está ao nosso alcance para ver as coisas a partir da perspectiva do oponente, há mais chances não só de o compreendermos melhor, mas também de nos conectarmos a ele de forma eficaz, tornando-nos mais capacitados para resolver o conflito de maneira produtiva e autêntica.

4. Utilize declarações que se refiram ao seu "eu". Dizer a alguém "Você não devia ter dito isso, você foi muito grosseiro" talvez seja a sua opinião honesta. Entretanto, essa declaração é um julgamento e uma acusação – o que é quase sempre verdadeiro para quase todas as declarações que começam pela palavra "você". Ao usar declarações que começam com a palavra "eu", de forma específica e verdadeira, nossas palavras e reações têm mais poder e podem levar a uma solução. Modificando a declaração acima para "Quando você disse aquilo eu fiquei chateado e magoado" mudamos a dinâmica, o sentimento e o impacto do que foi dito. Declarações com "eu" são sempre verdadeiras (supondo que estejamos sendo autênticos), e não podem ser negadas nem debatidas. Se alguém diz algo e eu demonstro uma reação específica, temos algo real. Se eu julgo alguém, faço uma generalização a respeito dela ou a acuso de algo, não apenas isso não é "verdade" (é apenas minha opinião), como, na maioria das vezes, vai desencadear uma resposta defensiva.

5. Busque uma situação do tipo "ganhar ou ganhar". O único jeito verdadeiro de resolver um conflito de forma autêntica é se ele for uma situação do tipo "ganhar ou ganhar" para todos os envolvidos. Isso não significa que cada pessoa consiga resolver as coisas do seu jeito, e muitas vezes isso não acontece devido à própria natureza dos conflitos e das circunstâncias da vida e dos relacionamentos. Entretanto, significa que todos podem ser ouvidos, valorizados e ter suas opiniões consideradas. É essencial que alteremos a perspectiva e o paradigma dos conflitos de "um perde e outro ganha" para um ângulo de entendimento e colaboração. Quando nos relacionamos com os conflitos sob a perspectiva do tradicional "vencedor", saímos na frente ou atrás, mas alguém sempre perde, o que pode danificar relacionamentos e criar abismos entre as pessoas. Quando tentamos fazer com que todos os envolvidos tenham um sentido de conclusão – ou seja, o outro já não tem mais nada a dizer e demonstra vontade de aceitar o resultado, mesmo que não concorde de todo – então uma situação do tipo "ganhar ou ganhar" se torna possível e o conflito pode não apenas ser resolvido como também leva os oponentes a se aproximarem mais durante o processo.

6. Reconheça o lado do outro. Seja o caso de uma conversa pessoal ou de uma situação que envolva muita gente, reconhecer o lado do outro é essencial para nossa capacidade de engajamento em um conflito de forma produtiva e para nossa capacidade de resolvê-lo de forma autêntica e eficaz. Se uma pessoa está disposta a compartilhar seus sentimentos honestos conosco, nos oferecer uma opinião vulnerável ou estar aberta a um papo difícil, todos estes são elementos que devemos reconhecer e apreciar nela. Sempre que alguém me faz uma observação crítica ou quando está zangado comigo, por mais que não goste disso no momento, tento sempre, de forma genuína, agradecer à pessoa por ser franca e verdadeira, pois sei que isso não é fácil e que a pessoa está, provavelmente, meio assustada com o fato ou se sentindo pouco à vontade. Mesmo que seja difícil de ouvir e engolir, tento sempre encarar as críticas como um sinal de respeito e uma forma de me honrar e valorizar o meu relacionamento com a pessoa.

Ao reconhecer o lado do oponente, lembramos a ele que estamos nisso juntos e que ele importa tanto para nós quanto a "questão" que provocou o conflito.

Seguir esses passos tornará mais fácil para nós a resolução dos conflitos de forma autêntica e bem-sucedida. E quando lembramos que a pessoa envolvida quase sempre está, como nós, um pouco assustada e desconfortável por estar no conflito, podemos dedicar a nossa atenção a ter compaixão (por ela e por nós mesmos), ser vulneráveis e nos relacionarmos com o conflito da forma mais autêntica e responsável.

A resolução do conflito em plena ação

Fui contratado para organizar um encontro da equipe de executivos para um cliente meu. A organização havia crescido rapidamente e estava indo muito bem, mas havia problemas, choques e desafios de personalidade dentro da equipe de executivos – especialmente com relação a Paul, o presidente da companhia.

Paul era muito inteligente e as pessoas da sua equipe e de toda a companhia, que somavam 1.700 pessoas, pareciam gostar dele. Entretanto, o retorno que recebi da maioria dos membros da sua equipe, antes do encontro, foi que ele não era muito bom na hora de ouvir ou de comunicar a visão de para onde queria levar a empresa, e muitos achavam que ele possuía poucas habilidades de liderança. Muitas pessoas também garantiram que se sentiam intimidadas por Paul e disseram que ele não aceitava sugestões nem opiniões.

O encontro começou e tínhamos uma programação apertada a cumprir – análise de objetivos, discussões, questões de organização interna e planos para o ano fiscal que estava para ter início. Depois de uma hora de reunião, as coisas não estavam indo bem. Não só estávamos fugindo à programação como as discussões se tornaram acaloradas, com as pessoas cortando a palavra umas das outras. O clima na sala não era nem um pouco aberto, calmo, nem positivo.

Embora eu não planejasse fazer exatamente o que fiz e me sentisse um pouco hesitante a princípio, interrompi a discussão, expliquei a metáfora do iceberg e dei início ao exercício "Se você me conhecesse de verdade...". Embora o grupo fosse constituído de 12 pessoas, julguei melhor fazermos o exercício juntos. Comecei por mim mesmo e contei, da forma mais franca que consegui, o quanto me sentia intimidado por todos (uma vez que eles formavam uma equipe de altos executivos muito inteligentes e bem-sucedidos). Disse-lhes o quanto estava frustrado pelo rumo que as coisas haviam tomado até aquele momento e me mostrei esperançoso de que pudéssemos cair na real e transformar aquilo em uma reunião verdadeiramente produtiva.

À medida que cada uma das pessoas falava e começava a abaixar a sua "linha d'água", comecei a sentir mudanças sutis na sala, mas foi algo visceral. As pessoas caíram na realidade e começaram a se abrir a respeito de problemas, pessoas, de como se sentiam no momento e sobre o que esperavam – tanto da reunião em si quanto de modo geral. Duas das pessoas do grupo chegaram a chorar, o que, embora fosse meio estranho e desconfortável para todos no início, acabou abrindo a guarda do grupo um pouco mais. Quando acabamos de fazer o exercício, vinte minutos mais tarde, as coisas me pareciam totalmente diferentes.

Foi então que Jerry, um dos membros da equipe que havia expressado muitas frustrações com relação a Paul em nossa conversa pré-reunião, e que também havia enfatizado o quanto se sentia intimidado por ele, ergueu a mão.

– Posso contar uma coisa para todos? – pediu.

– Claro, Jerry, vá em frente – repliquei.

– Estou um pouco apavorado por dizer isso, mas é muito importante. Ando frustrado, há algum tempo, como várias pessoas daqui sabem, com algumas coisas relacionadas à nossa equipe e à nossa companhia. Acabei de perceber que não falo muito nas reuniões por receio de dizer algo errado ou de deixar alguém em apuros. Paul... Eu adoro trabalhar para esta companhia e fazer parte da sua equipe, mas gostaria de saber mais sobre para onde estamos indo. Sinto-me no escuro quase o tempo todo e gostaria que você fosse mais comunicativo. Não sei como dizer isso sem achar que estou passando dos limites ou sem temer que você grite comigo, o que já aconteceu algumas vezes e me deixou chateado, confuso e sem graça. Sinto muito por não ter mencionado isso antes, e espero que não seja inapropriado falar agora na frente de todos aqui na reunião, mas senti que deveria expressar meus sentimentos com honestidade.

Uma agitação tomou conta da sala. Os olhos das pessoas se arregalaram e eu percebi que todos, inclusive Paul e Jerry, estavam espantados com o que acabara de ser dito. Depois de uma pausa longa e significativa, Paul respondeu.

— Puxa, Jerry! — ele disse. — Eu não fazia ideia de que você se sentia desse modo. Há outras pessoas aqui que também se sentem assim?

A maioria das pessoas da sala balançou a cabeça em afirmação e algumas chegaram mesmo a erguer as mãos.

— Sério? — exclamou Paul, atônito e ligeiramente abalado. — Gostaria que vocês todos tivessem me dito isso antes.

Susie, outro membro da equipe, disse:

— Bem que tentamos algumas vezes, mas não nos pareceu que você estivesse muito interessado em nossas opiniões. Além do mais, como Jerry mencionou, os que se aventuraram a comentar algo sobre isso no passado foram intimidados e repreendidos.

Paul olhou para todos em volta da mesa e disse:

— Sinto muito! Tenho a tendência de ficar absolutamente focado nos números e acabo me esquecendo das pessoas. Mesmo com o nosso sucesso nos últimos anos, me preocupo constantemente com a possibilidade de a empresa falhar, encolher ou regredir, e pressiono todo mundo. Acho que não consegui passar para vocês meus planos para o futuro, nem deixei vocês me dizerem o que acham, o que querem e se existe algo que eu faço e que não esteja funcionando. Reconheço que, às vezes, sou teimoso.

Diante dessa admissão de culpa, todo mundo, inclusive Paul, explodiu em gargalhadas. Ao longo das horas seguintes, vários assuntos importantes foram discutidos, ideias foram compartilhadas e objetivos foram determinados. Segundo muita gente da equipe, aquela foi uma das reuniões mais produtivas na história da empresa. Nos meses que se seguiram, continuei a prestar consultoria a essa equipe e a essa companhia; a comunicação na empresa melhorou muito e todos se uniram de forma admirável. Não é que as coisas tenham se modificado por um passe de mágica que acabou com todos os conflitos. A questão é que eles criaram um ambiente de autenticidade e comunicação aberta que os permitiu falar de forma mais franca, mais verdadeira e lidar com as coisas de maneira objetiva.

Expressando todas as nossas emoções

Sermos capazes de reconhecer falhas, estarmos em paz com elas e expressarmos as emoções são aspectos essenciais de ser quem somos e nos mostrar autênticos na vida. Entretanto, essas são outras das coisas que não fomos treinados a realizar. Conforme discutimos no Capítulo 1, nossa cultura e a maioria das pessoas à nossa volta não incentivam a expressão passional de muitas das nossas emoções, especialmente as consideradas "ruins" como a raiva, o medo, a tristeza, a mágoa, a dor, o pesar e outras. A empolgação, a alegria, a felicidade e a gratidão são aceitas, mas muitas vezes são vistas com ceticismo, e até mesmo as características "boas" só são incentivadas quando alguém as expressa de forma "apropriada" e por motivos "adequados".

Um jeito diferente de lidar com nossas emoções

Quanto mais formos capazes de expressar de maneira completa as nossas emoções, mais liberdade e poder teremos e mais verdadeiros conseguiremos ser. A partir de uma perspectiva mais profunda, é interessante considerarmos as emoções "positivas" quando elas são expressas e emitidas de forma eficaz. As emoções são "negativas" quando são negadas, evitadas ou reprimidas.

Todos nós já passamos por experiências em que expressamos emoções que normalmente consideramos "negativas", tais como medo, raiva ou tristeza e, ao nos "abrirmos", sentimos que algo maravilhoso aconteceu – vivenciamos uma sensação de alívio, nos livramos de algo que nos importunava, resolvemos as dúvidas ou os conflitos de um relacionamento e assim por diante. Eis porque muitas vezes nós nos sentimos muito bem e absolutamente livres depois de uma boa sessão de choro.

Também já tivemos experiências com emoções que consideramos "positivas", tais como amor, gratidão e a nossa incapacidade de expressá-las livremente. Como resultado disso, talvez tenhamos suprimido tais emoções, o que, no final das contas, teve um impacto negativo sobre nós e sobre os outros. Além disso, a negação e o hábito de evitar muitas das nossas emoções mais intensas, como o ódio, a culpa, a raiva, a vergonha, o medo e outras, têm sido cientificamente ligados a muitas das doenças degenerativas que o ser humano enfrenta hoje, incluindo o câncer, a artrite, as doenças do coração e muitas outras.

Se lembrarmos que o nosso verdadeiro objetivo deve ser a consciência das nossas emoções, o desejo de assumilas, vivenciá-las e encontrar formas saudáveis de expressálas – e não apenas ter emoções que julgamos "boas" e evitar emoções que julgamos "ruins" – poderemos criar um relacionamento novo e poderoso com nossas emoções e nossos "eus" verdadeiros. Fazer as pazes com as emoções, ser capaz e estar determinado a expressá-las de forma completa são elementos-chave para se levar uma vida autêntica.

Formas saudáveis de expressar as emoções

Descobrir formas saudáveis, verdadeiras e seguras de expressar nossas emoções é importante, à medida que nos tornamos mais autênticos em nossas vidas. A coisa mais importante para lembrarmos com relação às emoções é que, antes de qualquer coisa, devemos descobrir como admiti-las em nossas vidas, como assumi-las, como senti-las e como expressá-las de forma completa. Em segundo lugar, devemos lembrar que quanto mais nos permitimos vivenciar e expressar nossas emoções sem julgá-las, mais autênticos, saudáveis e realizados seguiremos pela vida.

Falar e escrever de forma autêntica são maneiras saudáveis e fortalecedoras de expressar honestamente nossas emoções. Quando conversamos a respeito dos nossos sentimentos com outras pessoas ou escrevemos a respeito deles, é importante estarmos em sintonia com nós mesmos, a fim de ver se estamos sentindo e expressando emoções verdadeiras. Esse é um jeito de passar com sucesso por elas, e não simplesmente falar ou escrever a respeito, de forma conceitual. Aqui estão mais duas formas saudáveis e produtivas pelas quais podemos expressar nossas emoções de forma autêntica.

- **Berre, grite, pule por toda a casa e libere essa energia.** A maioria de nós já fez isso em algum momento da vida e certamente agimos assim quando éramos crianças. Permitir que a emoção flua de forma passional – tanto faz se estamos excitados, tristes, apaixonados, apavorados, alegres, zangados ou qualquer outra coisa – é sempre uma grande maneira de nos expressarmos. Não costumamos fazer muito isso depois de adultos porque nos preocupamos com o que as outras pessoas vão pensar de nós, talvez achando que não é "apropriado". O segredo é prestar atenção a como estamos nos sentindo e permitir que tais sentimentos saiam. Se você está com vontade de rir, ria. Se tem vontade de chorar, chore. Fazer isso com um grupo de pessoas, no ambiente favorável de uma oficina de aprimoramento pessoal, junto de experientes líderes bem treinados, e se ver longe de outras pessoas que poderiam ficar apavoradas ou ter alguma reação à nossa expressividade emocional poderá ser muito útil. Sermos capazes de nos expressar de forma completa e de um modo único e só nosso é o objetivo mais importante. Às vezes eu gosto de gritar a plenos pulmões quando estou empolgado com alguma coisa ou quando me sinto zangado, e muitas vezes faço isso trancado dentro do meu carro, para não apavorar as pessoas em volta. Quando me sinto triste (pelo fato de ter sido treinado a vida inteira para suprimir os sentimentos, como muitos de nós, especialmente os homens), faço coisas propositalmente emotivas, converso com pessoas ou penso em assuntos que me provocarão emoções e me permitirão chorar e liberar essa tristeza. Socar travesseiros, pular para cima e para baixo e correr por aí sacudindo o corpo em uma expressão autêntica de emoção também pode ser um jeito poderoso de nos fazer liberar as emoções que sentimos. Entretanto, devemos nos sentir seguros ao fazer isso, e é por isso que fazê-lo com o apoio e a orientação de outros é muito útil. Expressar os sentimentos de forma autêntica é algo que exige prática, apoio externo e conscientização, mas é um jeito maravilhoso de cair na real e lidar de forma satisfatória com as emoções.

- **Medite, reze, recolha-se para dentro de si.** Uma vez que todas as nossas emoções e a maioria dos conflitos com os quais lidamos na vida são, na verdade, internos, uma das melhores e mais poderosas formas de expressarmos as emoções é fazê-lo por meio da meditação, da prece, ou simplesmente buscando refúgio dentro de nós mesmos. Este é um processo muito pessoal e varia de acordo com nossos sistemas de crenças e nossas personalidades. Não se trata de suprimir as emoções, é justamente o oposto. Trata-se de expressar e liberar essas emoções por meio da nossa ligação com algo que está dentro de nós e que é maior do que nós mesmos. Alguns chamam essa força de Eu Superior, Orientador Interno, Alma, Espírito, e alguns simplesmente não lhe dão nome algum. O nome pelo qual você chama essa força e como se relaciona com ela não é tão importante quanto ser capaz de expressar e liberar suas emoções de forma pessoal. Muitas vezes eu me deito, fecho os olhos e visualizo uma pessoa com a qual estou zangado, de quem tenho medo ou que tenha me deixado chateado. Dentro da minha mente eu tenho uma boa conversa com ela, na qual expresso todos os meus pensamentos e sentimentos, de forma honesta. Embora ter essa conversa com tal pessoa no mundo "real" possa ser algo poderoso, descobri que é igualmente poderoso e, às vezes, mais gratificante, fazê-lo de forma metafísica (apenas na minha mente), porque o meu ego e o medo da reação da pessoa não atrapalham. O objetivo disso é reconhecer, sentir e expressar a emoção de forma autêntica, a fim de aprendermos a partir dela e irmos em frente. Fazer isso durante a nossa meditação, oração ou no interior da nossa própria mente e coração pode ser incrivelmente eficaz, desde que o façamos de forma genuína e autêntica.

EXERCÍCIOS

A seguir, apresentamos vários exercícios poderosos que você poderá utilizar na sua vida. Eles lhe darão apoio para que você se expresse de forma autêntica e libertadora. Vários desses exercícios foram planejados para serem feitos com outras pessoas, e isso vai lhe servir de incentivo para alcançar um nível mais profundo de autenticidade e ligação com todos na sua vida.

1. "Registre-se" na entrada. Ao dar início a uma reunião, um encontro, uma refeição ou uma conversa importante, tire um momento e faça com que todas as pessoas envolvidas na reunião ou na conversa façam o seu "registro de entrada". Isso significa que você deve abaixar a sua "linha d'água" e compartilhar um pouco do que está sentindo e de como vão as coisas com você, de forma autêntica. Pode ser que você deseje fazer o exercício "Se você me conhecesse de verdade..." do início ao fim, ou talvez queira apenas oferecer a você e aos outros um momento para cada um expor seus pensamentos e sentimentos. Tento sempre fazer isso nos grupos com os quais trabalho, nas reuniões em que funciono como facilitador e até mesmo quando estou com Michelle ou me encontrando com nossos amigos.

2. Faça uma lista de seus conflitos: lide com eles ou deixe-os para trás. Escreva todos os seus problemas, conflitos, comunicações reprimidas, ressentimentos e tudo o que estiver sentindo. Depois de completar essa lista, releia-a e pergunte a você mesmo, antes de qualquer coisa: "Qual desses problemas estou disposto a deixar para trás?" Seja honesto consigo mesmo, e se achar que realmente consegue, de forma autêntica, deixar algo para trás, aja desse modo – isso servirá para que você se sinta mais solto e muito melhor. Deixar para trás não significa negar ou evitar o problema. Trata-se de ganhar liberdade e assumir a responsabilidade. Por exemplo, você pode perceber que um problema que tem com um amigo, familiar ou colega, e ao qual vem se prendendo, não é assim tão importante no final das contas, e você pode deixá-lo para trás. Lembre-se da maravilhosa frase: "Alimentar uma mágoa é como ingerir um veneno e esperar que outra pessoa morra." Os que não estão dispostos ou não se sentem capazes de deixar um problema para trás devem se fazer a seguinte pergunta: "O que posso fazer para resolver isto?" Talvez você não saiba. Talvez tenha tentado. Pode ser que você não esteja disposto a fazer realmente o que é preciso. Não importa qual seja o caso, eu o desafio a sair da sua zona de conforto e fazer ou dizer o que julgar necessário para resolver cada conflito da lista. Utilize os passos apresentados mais atrás, neste capítulo.

3. Liberte-se dos seus "grilhões". Eu dou o nome de "grilhões" aos problemas que você alimenta com relação a outras pessoas sem lhes contar – mágoas, ressentimentos, medos, uma desculpa, um reconhecimento ou qualquer coisa desse tipo. Criar o tempo e o espaço para falar a elas do seu grilhão é algo libertador e poderoso, ainda que pareça ligeiramente assustador. Michelle e eu nos dedicamos a este exercício regularmente. Dá para fazê-lo com seu companheiro ou companheira, com amigos, familiares, colegas ou qualquer um. Uma pessoa dá a largada e diz para a outra (ou para alguém específico, se o exercício estiver sendo feito em grupo): "Tem uma coisa a seu respeito que eu tenho presa comigo, como um grilhão." A outra pessoa pergunta: "Então vamos em frente... Gostaria de conversar a respeito disso?" Então o primeiro interlocutor expressa o seu "grilhão" com tanta honestidade, vulnerabilidade e responsabilidade quanto conseguir (usando declarações com "eu", assumindo seus sentimentos e assim por diante). A função da outra pessoa é ouvir tudo com a máxima abertura que conseguir, sem reagir, e simplesmente agradecer quando a pessoa acabar. É aconselhável fazer isso nas duas direções, até ambos (ou todos no grupo) terem compartilhado todos os seus grilhões. No fim, uma das pessoas, ou ambas, talvez queiram conversar sobre algumas coisas que foram ditas, mas nem sempre isso é necessário. Não se trata de um debate, não existe "certo" nem "errado". Trata-se de as pessoas serem capazes de compartilhar o modo como se sentem e o que as está prendendo ao passado, como forma de se libertar. Em algum ponto do caminho ficará provado que cada "grilhão", independentemente do que seja, não trata da outra pessoa, mas de você mesmo (ou vice versa).

4. Encontre alguém que o ajude a expressar as emoções. Todos nós podemos nos beneficiar de apoio, orientação e informação de retorno – não só de modo geral como, especificamente, com a expressão das emoções. Não importa se é um amigo, terapeuta, grupo de apoio, treinador, colega, familiar, companheiro, companheira ou ente querido. O que importa é que você possa ser sincero e verdadeiro com essa pessoa, consiga expressar por completo suas emoções e permita que ela ou ele o fortaleça, incentive e lhe ofereça feedback e apoio emocional. Lembre-se de que não se trata de "reclamar" nem "desabafar", *per se*, e sim de expressar suas emoções de forma que você assuma as responsabilidades sobre elas e siga em frente. Existem muitas pessoas maravilhosas na sua vida e no seu mundo que são fantásticas quando se trata de dar apoio à expressão autêntica das emoções. Encontre a pessoa (ou pessoas) que possa ajudá-lo especificamente a expressar as emoções de um jeito libertador e verdadeiro.

Agora que analisamos a importância de nos conhecermos, de transformarmos nossos medos e nos expressarmos de forma completa, estamos prontos para abordar o princípio seguinte, *Seja corajoso*, a fim de descobrir como podemos viver, falar e agir de formas corajosas e que sejam fiéis às nossas paixões mais profundas e aos nossos "eus" mais autênticos.

6

PRINCÍPIO 4

Seja corajoso

"Não pergunte o que o mundo precisa. Pergunte o que empolga você e vá fazê-lo. Porque o que o mundo precisa é de pessoas empolgadas e vivas."

Howard Thurman

Ser corajoso é um dos aspectos mais essenciais da autenticidade. Quase nunca somos treinados ou incentivados a sermos corajosos na vida. Viver a vida de forma corajosa e autêntica exige coragem e comprometimento. Isso não significa que nunca fiquemos apavorados, mas simplesmente que estamos dispostos a agir diante dos medos e sermos capazes de permanecer fiéis a nós mesmos e ao que é importante para nós, ainda que as coisas se tornem difíceis.

Neste capítulo, vamos dar uma olhada no que realmente significa ser corajoso e como podemos viver desse modo em nosso dia a dia. Quando temos a coragem de ser corajosos, nos sentimos libertados e inspirados pelo poder da autenticidade.

O que significa ser corajoso?

As primeiras duas definições para a palavra *corajoso* no dicionário são:

- pessoa que não hesita nem tem medo diante de um perigo real ou possível; pessoa audaz e valente. Ex.: *Um herói corajoso.*
- pessoa que não hesita em quebrar as regras do que é apropriado; atirado; atrevido. Ex: *Ele pediu desculpas por ser tão corajoso ao falar com o imperador.*

Embora essas definições façam sentido e descrevam o conceito geral de coragem, a prática de ser corajoso é única para cada um de nós. O que pode ser considerado corajoso para mim, baseado na minha personalidade, histórico pessoal, sistema de crenças, forças, medos e outros fatores talvez não signifique coragem para você. Além disso, do mesmo modo que a autenticidade, o significado de ser corajoso se modifica à medida que crescemos e evoluímos.

No contexto da nossa discussão sobre autenticidade, ser corajoso tem a ver com avançar e expandir os nossos "limites" na vida, ampliando as fronteiras do que julgamos possível ou apropriado. Trata-se de viver, falar e agir de formas que são corajosas e honestas com quem realmente somos. Não se trata, necessariamente, de ser provocador ou controverso só por ser, embora, eventualmente, envolva atitudes desse tipo. Por exemplo, eu poderia tingir o meu cabelo de verde, tirar toda a roupa e correr pelado pelas ruas do bairro onde moro. Entretanto, como fazer isso não expressa nada que seja autêntico a respeito de quem eu sou ou do que é importante para mim, não se trata de coragem. Esse ato pode ser classificado como esquisito, assustador e até engraçado, talvez, mas não corajoso.

Ser corajoso, com relação a sermos nós mesmos e vivermos com autenticidade, tem a ver com tomarmos contato com as nossas verdades, paixões e desejos mais profundos na vida e então, a partir daí, termos a coragem de viver e agir "em alto e bom som" de uma forma condizente com tudo isso.

Como ser corajoso

Ser corajoso exige muita prática e bravura. A coragem pode ser difícil porque, por sua própria natureza, sempre haverá um sentimento de medo e desafio envolvido em qualquer ação de bravura que tomamos, ou em qualquer abordagem corajosa da vida. Tendo isso em mente, existem várias coisas que podemos fazer e exercitar a fim de aumentar nossa determinação e capacidade de sermos corajosos – em nossos relacionamentos, em nosso trabalho e em nossas vidas.

As seguintes passagens abordam cinco dos mais importantes aspectos de ser corajoso na vida:

1. Seja verdadeiro consigo mesmo.
2. Viva com paixão.
3. Dê um passo à frente.
4. Apoie-se nos outros.
5. Quando cair, levante-se de imediato.

Ao lembrar, praticar e exercitar esses cinco aspectos, você será capaz de vivenciar a vida com um sentido mais profundo de coragem e, por fim, autenticidade.

Seja verdadeiro consigo mesmo

Steve Jobs, presidente e diretor-executivo da Apple, disse na palestra inaugural de 2005 na Universidade de Stanford: "Não permitam que o barulho das opiniões das outras pessoas afogue a sua voz interior."

Na Parte 1 deste livro, discutimos as muitas forças externas e internas que nos impedem de sermos nós mesmos. Especificamente, muitas vezes pensamos, ouvimos e nos preocupamos com as opiniões e julgamentos dos outros de tal forma que nos esquecemos da pessoa mais importante dentre as que devemos agradar e impressionar – nós mesmos! É normal e compreensível que estejamos ligados às opiniões dos outros – somos e sempre seremos influenciados pelas opiniões alheias, em algum nível. Bem que eu gostaria de dizer que não tenho nenhuma fixação ou elo emocional com a opinião que você, leitor ou leitora, terá sobre este livro, mas isso não seria verdade. Entretanto, posso garantir que quanto menos ligado e dependente nós formos das opiniões alheias, maior será a probabilidade de sermos verdadeiros com nós mesmos, e é isso que nos garante viver de forma realmente autêntica.

Ser verdadeiros com nós mesmos exige coragem, introspecção e o compromisso de dizer a verdade – para nós mesmos e para os outros. Devemos também permanecer em questionamento interno constante, nos perguntando quem somos e o que é mais importante para nós. Isso não significa que, eventualmente, não fiquemos aquém das expectativas, nem que nunca cometamos equívocos, digamos ou façamos coisas que estão fora de alinhamento com quem somos, mudemos de ideia ou nos desviemos do caminho de várias formas. É claro que essas coisas sempre acontecerão, pois são parte do ser humano. Entretanto, quando vivemos a vida de forma coerente com quem realmente somos, podemos admitir nossos erros, eventuais saídas dos trilhos ou o fato de termos feito algo fora de sintonia com nós mesmos. Esse processo tem a ver com sermos honestos e complacentes conosco e com outros, de modo firme e compassivo.

Um grande exemplo de fidelidade a si mesmo, e também de expressão de verdadeira coragem, foi a forma como meu amigo David e sua ex-mulher encerraram o casamento. Eis aqui o que David comentou a respeito:

> Em 2002, eu e minha mulher estávamos nos divorciando e o processo parecia praticamente encerrado. Por algum motivo, ao longo dos 14 anos que passamos juntos, fomos passando da nossa ligação inicial, absolutamente mágica, mística, apaixonada e revolucionária em nossas vidas, para uma experiência dolo-

rosa, dissociada, alienada, de sofrimento silencioso, bater de portas e, por fim, infidelidade. Embora o meu coração estivesse despedaçado e eu não me sentisse em pleno funcionamento durante algum tempo, tanto em nível social quanto profissional, escolhemos seguir nossa intuição mais profunda e conseguimos ter acesso aos nossos votos de casamento, que nos aconselhavam a sempre permanecer amigos, no fundo do coração.

Então minha ex-mulher e eu decidimos montar uma "Cerimônia de Encerramento do Casamento" (parecida com a cerimônia de casamento, mas era mais como se fosse o funeral da relação).

Passamos a nos encontrar com frequência e, durante o planejamento logístico, o envio dos convites, os textos que seriam lidos na cerimônia etc, nós dois começamos a vivenciar em profundidade a cura que pretendíamos alcançar. Fizemos tudo diante de cinquenta dos nossos amigos e familiares mais chegados. A cerimônia foi marcada por lágrimas, música, risos e preces, numa celebração da poesia da vida.

Ao fim da cerimônia, tínhamos realmente "encerrado" aquela parte das nossas vidas, e a minha alma tem estado mais livre desde então.

Eu fui a essa marcante cerimônia, diferente de qualquer outra da qual participei na vida. Sim, foi muito anticonvencional, mas percebi também algo extremamente poderoso em ver David e sua ex-esposa serem espontâneos o bastante para aparecer em público com sua dor, seu processo e seu divórcio. Eles celebraram seu relacionamento, reconheceram sua ruptura, declararam honrar e apreciar um ao outro e expressaram a imensa quantidade de emoções conflitantes pelas quais passavam, tudo isso de forma autêntica.

Isso é que é coragem! Montar uma cerimônia sagrada para marcar um divórcio é algo que a maioria das pessoas consideraria tabu ou, no mínimo, esquisito.

Pelo fato de eles terem feito isso como uma expressão de quem são, de forma única e sincera, a cerimônia se transformou não apenas em um ato de autenticidade corajosa como também teve um impacto profundo nas pessoas que estavam lá. Isso deu a mim e a muitas das pessoas com quem conversei depois da cerimônia uma oportunidade de olhar para o que acontecia ali, refletir a respeito e observar algo universal e muitas vezes doloroso (o fim de um relacionamento). Fiquei orgulhoso por eles terem feito isso, me senti honrado de ter sido escolhido para participar desse momento e grato pelo exemplo de coragem que eles ofereceram a todos.

Viva com paixão

Paixão é uma parte muito importante na arte de ser corajoso e viver com autenticidade. Entretanto, muitas vezes criamos conceitos equivocados a respeito da paixão e de onde ela vem.

Quais são suas maiores paixões na vida? De onde a paixão por essas coisas surgiu? Avaliando de forma superficial, muitas vezes parece que as paixões nas nossas vidas surgem como resposta às atividades, pessoas ou coisas que mais nos tocam. Entretanto, não é esse o caso. Embora seja verdade que certas pessoas, situações e atividades tornem mais fácil o acesso às paixões que existem dentro de nós, todas as paixões que vivenciamos tiveram origem em um único lugar: nós mesmos!

Fundamentalmente, a paixão é um fenômeno que fica "abaixo da linha d'água". Portanto, cada um de nós tem a capacidade de gerar paixão autêntica a qualquer momento e por qualquer razão. Por que é importante compreendermos isso? Porque a paixão é um elemento-chave para a nossa capacidade de sermos corajosos na vida. Levar uma vida autêntica tem a ver com corrermos atrás, sem nos segurarmos; tem a ver com nos dedicarmos de corpo e alma ao nosso trabalho, aos nossos relacionamentos e às nossas vidas. Não precisamos esperar até que as coisas se alinhem de forma perfeita, nem até encontrarmos as situações ou as circunstâncias corretas, nem termos tudo perfeitamente esquematizado em nossas vidas para, então, nos tornarmos apaixonados. A paixão é uma emoção poderosíssima, mas também é um estado de espírito que podemos escolher vivenciar a qualquer momento em nossas vidas.

Por exemplo, eu trabalhei com uma mulher, alguns anos atrás, chamada Susan. Ela buscava orientação na carreira e decidiu me contratar. Susan estava com 50 e poucos anos e passara mais de 15 anos em casa, criando três filhos. Voltara ao mercado de trabalho havia pouco tempo e trabalhava como assistente de marketing para uma grande firma de consultoria. Embora tivesse acabado de ser promovida do seu cargo original, de assistente administrativa, para o departamento de marketing, Susan não se sentia satisfeita.

Ela me disse:

– Não gosto do meu emprego – ele é maçante e pouco inspirador. Como é que eu posso sentir paixão em trabalhar com campanhas abstratas e comunicados internos para uma empresa de consultoria?

– O que você aprecia no seu trabalho? – perguntei.

– Algumas das pessoas com as quais trabalho são simpáticas, especiais e, às vezes, nos divertimos muito, pelo menos quando não estamos muito estressados ou sobrecarregados. Mas, no geral, este é um ambiente abafado e negativo, e o trabalho não é empolgante.

– Susan – propus –, tenho um desafio para você. Embora saiba que você não gosta do seu trabalho, nas próximas semanas veja se consegue prestar atenção ao máximo de coisas boas que conseguir a respeito do seu ambiente de trabalho, de forma pura e genuína. Faça uma lista das coisas que você aprecia na função que desempenha, nas pessoas à sua volta e na companhia em geral. Da próxima vez em que nos falarmos, compartilhe essa lista comigo. Pode ser?

Susan concordou sem muito entusiasmo, e se comprometeu a focar nas coisas boas que via no trabalho durante as semanas seguintes, tanto quanto pudesse.

Na sessão seguinte ela confessou:

– Não foi fácil, a princípio, encontrar coisas que eu apreciasse no meu trabalho, mas depois de alguns dias, a coisa começou a ficar mais fácil. Fui anotando tudo e acabei com uma lista de quase oitenta itens diferentes, como as flores no saguão de entrada, a excelente comida do restaurante, as habilidades para resolver problemas e gerenciar meu tempo – características que desenvolvi na época em que era mãe em tempo integral e tive a chance de utilizar quase todos os dias na empresa, mais especificamente, ao lidar com as pessoas. Quanto mais eu prestava atenção, mais coisas eu reparava a respeito das muitas pessoas e das várias coisas que, antes, não apreciava no trabalho.

Ao longo dos meses seguintes, durante as sessões de treinamento, permanecemos focados nas coisas pelas quais Susan era apaixonada e que tanto apreciava, e não na parte "irritante" do seu trabalho. Duas coisas interessantes aconteceram, como resultado do nosso empenho.

Em primeiro lugar, ela começou a curtir muito mais o trabalho – que é o que quase sempre acontece quando focamos nas coisas que apreciamos de forma consciente. Em segundo lugar, ela percebeu que sua verdadeira paixão era lidar com gente. Embora suas tarefas diárias não fossem as coisas mais empolgantes do mundo para ela, Susan começou a gerar um senso particular de paixão pelo trabalho (e pela vida em geral), ao focar mais nas pessoas que estavam à sua volta e menos nas suas atividades diárias. Quando encerramos o nosso trabalho juntos, Susan resolveu permanecer com o emprego que tinha, e se sentia muito mais em paz e apaixonada pelo que fazia.

O interessante é que, alguns meses depois, ela me enviou um e-mail para me contar que conseguira um novo cargo no departamento de Recursos Humanos da empresa. Estava empolgadíssima com a nova oportunidade que surgira e sentia que aquele posto seria muito mais adequado para ela, com base na sua personalidade e nos seus atributos e habilidades.

Aqui vão algumas coisas que você pode fazer para se tornar mais apaixonado e amplificar a sua própria capacidade de vivenciar a vida de forma mais apaixonada em bases regulares:

- Ria.
- Converse a respeito das coisas pelas quais você é apaixonado e pergunte às pessoas à sua volta quais são os focos das paixões delas.
- Mantenha o foco nas coisas que você aprecia – em você mesmo, nos outros e na vida em geral.
- Brinque com crianças.
- Dance (mesmo que você ache que não é muito bom nisso).
- Observe o sol nascer ou se pôr.
- Preste atenção às pessoas que parecem ter muita paixão e repare no que fazem e dizem, como interagem com a vida e uns com os outros.
- Caminhe na natureza.
- Cante (mesmo que você ache que não é muito bom nisso).
- Preste atenção quando você se sentir apaixonado por alguma coisa e perceba quais são os seus pensamentos, sentimentos, as sensações do seu corpo e outras coisas nesses momentos – para poder recriá-los por vontade própria mais tarde.
- Ouça músicas que inspirem você.

Dê um passo à frente

Uma das maiores fontes de poder autêntico vem da sua determinação e capacidade de agir – especialmente diante dos obstáculos e do medo. Para ser autêntico na vida, devemos nos desafiar a tomar atitudes audazes e corajosas, e correr atrás do que buscamos. O lendário escritor Ray Bradbury disse: "Primeiro você pula do precipício e depois constrói asas enquanto cai."

No verão de 1998, eu estava no meio de uma importante fase de transição na minha vida. Havia lesionado o meu braço de arremessador pouco mais de um ano antes e tinha sido liberado pelo Kansas City Royals naquele mês de março. Estava em casa, em Oakland, recebendo seguro desemprego (sem trabalhar), e me recuperando de uma cirurgia simultânea de cotovelo e ombro que sofrera no início do verão, sentindo-me vacilante diante do que tinha certeza que seria o fim do sonho de me tornar um jogador de beisebol da primeira divisão (mesmo depois que minha reabilitação estivesse completa), e tentando descobrir o que fazer com o resto da minha vida. Ao longo de toda aquela primavera e verão, li muitos livros de autoajuda que me inspiraram – pelo que aprendi neles e também pela ideia que tive de escrever livros como aqueles, a fim de também ajudar as pessoas. Eu circulava pelas livrarias e sempre me via atraído para a seção de desenvolvimento pessoal, tanto para procurar livros novos para ler como, também, por sentir um desejo profundo de me envolver naquele mundo.

Devido à minha idade na época, 24 anos, à minha falta de experiência e ao fato de que eu não fazia a mínima ideia de como dar início a uma carreira como escritor de autoajuda, me senti desestimulado, assustado e confuso. Tornar-me um escritor me parecia um castelo no ar. Nas semanas e meses à minha frente eu sabia que precisaria tomar decisões importantes sobre o que fazer e quais os passos específicos que devia tomar quando me aventurasse no "mundo real" pela primeira vez.

No dia 11 de julho de 1998, tive uma conversa telefônica com meu tio Steve. Hoje em dia eu encaro essa conversa como o momento que mudou tudo na minha vida e no meu trabalho. Steve ainda está casado com Adele, irmã mais nova de minha mãe. Ele é terapeuta e um homem surpreendente. Sempre tivemos uma ligação forte, embora nunca tenhamos tido a chance de passar muito tempo juntos, pois ele morava no Texas e eu na Califórnia. Desde os tempos de criança, sempre confiei em Steve e fui influenciado por ele profundamente. Steve sempre esteve por perto em alguns dos momentos mais importantes e desafiadores da minha vida.

Naquele dia, ao telefone, contei a ele dos meus medos mais profundos, dos meus sonhos, da minha confusão interior e dos meus desejos para minha vida e para meu futuro. Contei-lhe que sonhava em me tornar um escritor que pudesse ajudar e inspirar as pessoas, mas não sabia como alcançar isso, por onde começar, nem o que poderia fazer da minha vida naquele exato momento que pudesse me levar na direção pretendida.

Steve me desafiou ao dizer: "Para resolver isso, Mike, você tem de dar 'um passo à frente' e ser corajoso. Não se trata de um passo único, e sim de um processo conseguido dia após dia, vida afora. A pergunta que você deve se fazer é: 'O que estou disposto a fazer no dia de hoje que me impulsione e me faça dar 'um passo à frente' na minha vida?'"

A pergunta que Steve me fez, apesar de sua simples compreensão, foi um desafio profundo, pois me serviu de inspiração e pavor ao mesmo tempo. Não sabia ao certo como responder àquilo, na época, mas a pergunta me fez refletir bastante sobre o assunto.

Consegui um emprego naquele outono, trabalhando para uma companhia na área de internet, mas meu sonho de escrever e de dar palestras, liderar oficinas e treinar pessoas permaneceu comigo. Ao longo dos anos que se seguiram, Steve me enviava bilhetes e cartões de vez em quando apenas com as palavras "um passo à frente". Isso se tornou um mantra na minha vida, e ele acabou se tornando um dos meus maiores mentores e fontes de inspiração. Embora eu tivesse consciência de que vender propaganda para sites na internet não era a minha verdadeira vocação, resolvi me sentir grato pelo que estava aprendendo e pelo dinheiro que ganhava. Ao mesmo tempo, comecei a olhar para fora do mundo definido pelo meu emprego, em busca de lugares onde pudesse dar "um passo à frente" rumo à minha paixão mais profunda e ao meu sonho de ajudar as pessoas. Buscava isso em todas as oportunidades que apareciam: frequentava oficinas de autoajuda; fazia trabalho voluntário; tentava entrar em contato com autores conhecidos, palestrantes e instrutores; conversava com as pessoas a respeito dos meus objetivos e sonhos; lia livros e muito mais.

Quando saí do meu emprego na empresa de internet, em meados de 2000, as perguntas de Steve reverberavam fortemente dentro de mim. Eu sabia que a coisa mais corajosa a fazer, embora continuasse sem ter a mínima pista sobre como fazê-lo, era dar "um passo à frente" e fazer o que era preciso para me tornar um palestrante, instrutor e escritor. Não foi fácil, e muitas vezes eu tive vontade de desistir, mas sempre me desafiava a ser corajoso e correr atrás, mesmo quando achava que não conseguiria. Passaram-se seis meses desde a minha saída do emprego até o lançamento da minha carreira como palestrante e instrutor pessoal, mais dois ou três anos até eu conseguir me estabelecer de forma significativa e mais sete anos até eu publicar meu primeiro livro.

Dar um passo à frente é essencial para a nossa capacidade de sermos corajosos e vivermos a vida com autenticidade. Muitas vezes achamos que não estamos prontos, podemos não saber exatamente como deveríamos agir e quase nunca temos garantias de que as coisas vão funcionar.

Ficaremos apavorados? Claro que sim! Vamos falhar? É muito provável, especialmente no início. Porém, como diz o clichê, "Quem não arrisca, não petisca". Quando estamos dispostos a nos colocar em risco e correr atrás do que realmente desejamos, de forma corajosa, coisas surpreendentes podem acontecer.

VEJA ISTO
Comprometimento e coragem

"Até o momento em que nos comprometemos com alguma coisa, existe a hesitação, a chance de voltar atrás, e isso é sempre ineficaz. Quando analisamos nossos atos de iniciativa e criação, existe uma verdade elementar, e ignorá-la mata inúmeras ideias e planos esplêndidos. No momento em que uma pessoa se compromete de forma definitiva, a providência se move no mesmo ritmo. Todas as coisas acontecem para nos ajudar, coisas que nunca aconteceriam de outra forma. Uma corrente de eventos surge a partir da nossa decisão de agir, trazendo a nosso favor todos os tipos de incidentes imprevistos, encontros e assistência material que nenhum homem sonharia que pudesse lhe aparecer no caminho. Se você pode fazer ou sonhar, você também pode realizar. A coragem tem gênio, poder e magia dentro dela. Dê início a isso agora mesmo."

Johann Wolfgang von Goethe, 1749 – 1832

Pergunta para você fazer a si mesmo

O que você está disposto a fazer hoje que resultará em um passo à frente e o fará correr atrás do que realmente deseja na vida, de forma corajosa?

Apoie-se nos outros

Outro aspecto importante de ser corajoso é se apoiar e conseguir o incentivo de outras pessoas. Ser corajoso, por sua própria natureza, significa dar um passo à frente, se expandir e assumir atos corajosos em nossas vidas. Muitas vezes fazemos isso por conta própria, em muitos casos por medo de receber críticas, julgamentos ou ser ridicularizado, mesmo pelas pessoas que estão junto de nós. Apesar de os atos de coragem representarem coisas que devemos empreender sozinhos, é essencial nos apoiarmos, conseguirmos incentivo e sermos desafiados e encorajados pelos outros, se quisermos correr atrás do que desejamos de forma corajosa, visando levar a vida com autenticidade.

Você gosta de pedir ajuda aos outros? Muita gente que eu conheço e com quem trabalho, inclusive eu, tem sérios questionamentos com relação a pedir ajuda. Não queremos parecer insistentes nem carentes, não queremos ser inconvenientes para ninguém, não queremos contar com os outros para, depois, eles nos decepcionarem.

Você gosta de ajudar as pessoas? Quase todo mundo que eu conheço gosta de ajudar os outros. Sentimo-nos honrados quando alguém pede e recebe a nossa ajuda. É claro que existem algumas exceções, e pode ser muito desagradável ter pessoas à nossa volta pedindo ajuda de um jeito egoísta ou não reconhecendo quando lhes damos apoio, mas esses casos são geralmente a exceção, e não a regra. De um modo geral, ajudar e prestar serviços aos outros é muito gratificante.

Que tal se nos referíssemos à nossa capacidade de pedir e receber apoio dos outros como uma dádiva e uma oportunidade de permitir que eles nos ajudem? Encarar a coisa desse modo pode nos ajudar a abrir mão do medo, da resistência e do estigma negativo que muitos de nós associamos ao ato de pedir ajuda. Ao longo do processo, seremos capazes de conseguir um monte de ajuda e apoio, que é necessário se realmente quisermos ser corajosos na vida.

Por que nos apoiarmos nas outras pessoas é tão importante em nossa busca pela coragem e pela autenticidade? O retorno, o incentivo, os conselhos, o encorajamento, o desafio, a responsabilidade e o entusiasmo das outras pessoas são necessários para nos levantarmos e sermos corajosos na vida – especialmente quando ficamos assustados, confusos ou nos desviamos dos caminhos que seguimos.

Paradoxalmente, temos de nos lembrar que fazer da vontade de "ser corajosos" uma tentativa de impressionar ou agradar as pessoas – amigos, familiares, cônjuges, mentores, filhos e outros – acaba não tendo nada a ver com autenticidade, e sim com exibição. Por outro lado, todos já tivemos muitas experiências na vida em que o apoio, a orientação e a responsabilidade das outras pessoas nos forçaram a sair da nossa zona de conforto e nos desafiaram, de forma positiva, a sermos corajosos e a corrermos atrás do que realmente queremos.

Um bom exemplo disso aconteceu com Rob, um cliente a quem prestei serviços de orientação. Rob queria se divertir mais, correr mais riscos e ter mais sucesso na vida, mas não sabia exatamente o que gostaria de realizar. Depois de algumas sessões, sugeri que ele fizesse uma lista das coisas que gostaria de fazer e que o apavoravam, mas que também, ao mesmo tempo, poderiam representar grandes oportunidades de ele se mostrar corajoso. Podiam ser coisas "pequenas" ou "grandes" – contanto que exigissem algum tipo de coragem real de sua parte. Depois de preparar a lista, sua próxima tarefa foi escolher algo da lista e fazer acontecer.

– Rob, o que você escolheu? – perguntei.

– Cantar em público – informou ele.

– Ótimo! Agora me diga por que isso exigirá coragem de você – pedi a ele.

– Bem... Quando eu era criança costumava cantar o tempo todo: em casa, com minha mãe, com minha irmã e no coral da igreja. Cheguei a fazer algumas apresentações solo em alguns eventos da igreja. Depois, por volta dos 12 anos, minha voz mudou e isso prejudicou meu canto. Eu odiava o som da minha voz depois que ela mudou, e as pessoas riam de mim, e riem até hoje, lembrando do quanto eu era péssimo cada vez que abria a boca e soltava a voz. Por causa disso, parei de cantar por completo. Nem me lembro de quando foi a última vez em que cantei em público. Fazer isso novamente vai ser um esforço gigantesco, se eu conseguir, mas estou apavorado.

Rob não sabia onde, quando nem como poderia colocar esse plano em prática. Eu o desafiei a buscar apoio em alguns dos seus muitos amigos. Depois de adiar esse momento por algum tempo, Rob perguntou a Mark, um amigo músico, se ele poderia ajudá-lo, orientá-lo nos ensaios e acompanhá-lo ao violão. É claro que Mark concordou. Ele planejava uma reunião na sua casa no fim daquela semana, com vários amigos comuns aos dois – cerca de vinte pessoas – e sugeriu a Rob que ele cantasse na reunião. Os riscos estavam ficando mais altos para Rob, pois não só ele iria cantar em público pela primeira vez em muitos anos, como o faria diante de pessoas que conhecia.

Na noite em que Rob deveria se apresentar na casa de Mark, ele pensou em nem aparecer. Acabou indo. Ao chegar à festa, porém, tentou escapar. Mark e os outros amigos de Rob não queriam deixá-lo escapar assim tão fácil, pois sabiam que aquilo era importante e seria muito bom ele enfrentar o desafio. Então ele cantou, e estava empolgadíssimo na sessão seguinte, quando me contou como as coisas correram.

Rob disse:

– Mal posso acreditar que cantei de verdade diante de um monte de gente. Estava tão apavorado que meus joelhos tremiam. Nem sei se a apresentação foi realmente boa, mas não me importei com isso. Curti muito a noite e todo mundo se divertiu. Foi um grande momento, pois aprendi que *eu mesmo* era a única coisa que me bloqueava. Posso ser corajoso sempre que desejar. Nunca teria conseguido aquilo sem Mark e meus amigos me desafiando e me oferecendo apoio.

EXERCÍCIO

Dê um passo à frente e apoie-se nos outros

Passo 1

Procure alguém em quem você confie e converse com essa pessoa a respeito das coisas grandes que você planeja fazer, realizar ou vivenciar em sua vida (seus grandes objetivos e sonhos). Esses objetivos devem ser muito específicos, tais como dar início a um negócio, comprar uma casa em algum lugar especial, escrever um livro, aposentar-se quando chegar à determinada idade, casar-se e assim por diante. Seus objetivos também podem ser mais genéricos e vivenciais, tais como você se tornar alguém mais em paz consigo mesmo, mais relaxado ou realizado. Não importa o assunto que você aborde, seja autêntico e corajoso; lembre-se, porém, que essas metas devem ser coisas realmente importantes para você – seus grandes objetivos e sonhos.

Passo 2

Para cada uma dessas grandes metas ou desses grandes sonhos, pense e fale a respeito com pessoas específicas que você conhece (ou gostaria de conhecer), a quem poderia solicitar apoio e incentivo para ajudá-lo a fazer tais coisas se materializarem em sua vida. Pode ser que você conheça uma pessoa muito bem sucedida nos negócios, a quem poderá pedir conselhos, ou alguém que pareça mais relaxado e em paz, com quem você poderá passar mais tempo e aprender algumas coisas.

Passo 3

Escolha três objetivos e determine uma ou mais ações específicas que você poderia tomar para fazer com que tais planos aconteçam logo, ou convoque o apoio de alguém em quem você possa se apoiar e que sirva de incentivo para fazer as coisas acontecerem. Comprometa-se a tomar essas atitudes *nesta mesma* semana e faça com que a pessoa com quem você falar se comprometa com você.

Quando cair, levante-se na mesma hora

Você já viu um bebê quando está começando a andar? É uma experiência admirável. Eu já tinha ouvido falar a respeito, mas nunca havia testemunhado frente a frente até que

Samantha, nossa filhinha de 3 anos, começou a dar seus primeiros passos, logo depois de completar 1 ano. Ela e eu estávamos brincando em nossa sala de estar e, embora ela já tivesse dado alguns passinhos aqui e ali, e conseguisse se movimentar pela casa segurando-se em um adulto ou se apoiando nos móveis, ainda não tinha "andado" de verdade. Naquela noite eu estava segurando as mãozinhas dela e puxando-a pela sala comigo, enquanto ela dava alguns passos vacilantes. Resolvi soltá-la para ver o que acontecia. Ela deu mais um ou dois passos e caiu de cara no chão sobre o carpete macio. Não se machucou. Simplesmente olhou para cima e, embora ainda não soubesse falar, deixou bem claro que queria que eu a pegasse novamente para tentar de novo.

Fiz isso. Quando a soltei, nessa segunda vez, ela deu mais alguns passos perfeitos, uns quatro ou cinco, e então caiu. Eu gritei: "Muito bem, você conseguiu!", e comecei a bater palmas de alegria, chamando Michelle para que ela viesse até a sala ver o que acontecera.

Michelle veio correndo. Samantha e eu fomos até o fundo da sala. Estendi as mãos para firmá-la, comecei a caminhar com ela pela sala, larguei-a e então aconteceu – ela andou de verdade, por toda a extensão da sala, sozinha. Quando finalmente caiu, Michelle e eu ficamos animados e comovidos, explodindo em lágrimas misturadas com risos. Samantha, orgulhosíssima da façanha, começou a guinchar de empolgação e bater palmas de alegria, mesmo caída no chão. E, é claro, estava louca para se levantar e tentar mais uma vez.

Todos nós sabemos como fazer isso – cair e levantar. Os que têm condições de andar, como acontece, felizmente, com a maioria das pessoas, lembram de ter passado exatamente por essa experiência miraculosa por conta própria, quando eram bebês. De modo figurado, também enfrentamos esse momento muitas outras vezes, ao nos movermos pelos altos e baixos ao longo da vida. A questão não é se cairemos ou não; a questão é se seremos corajosos o bastante para nos levantarmos de novo. É muito comum, infelizmente, cairmos e então decidirmos que não podemos nos levantar. Ser audaz é ter a coragem, a determinação e o compromisso de levantar depois da queda, mesmo se estivermos assustados, envergonhados ou acharmos que não conseguiremos fazê-lo.

Resistir, reclamar da vida ou sentir pena de nós mesmos pelas coisas "ruins" que nos acontecem é perfeitamente normal, e muitas vezes somos encorajados a pensar ou reagir desse modo pelas pessoas à nossa volta e pela nossa cultura em geral, independentemente de fazermos isso em voz alta ou apenas sentirmos em nossas mentes. Entretanto, essas coisas, apesar de compreensíveis, não abordam as questões verdadeiras – as emoções que experimentamos – nem tornam as coisas melhores. Enfrentar as dificuldades da vida de frente poderá ser, na verdade, uma experiência incrivelmente gratificante e positiva, se escolhermos transformar os desafios em oportunidades de crescimento.

Em seguida eu apresento uma lista de coisas que podemos apreciar quando "caímos" na vida. Os obstáculos, fracassos e desafios podem:

- Nos dar um feedback importante sobre onde estamos e quem somos.

- Fornecer uma oportunidade de sermos corajosos.
- Permitir que despertemos e reparemos nas coisas boas que acontecem conosco e nas quais não prestávamos atenção.
- Oferecer uma grande oportunidade para aprendermos, crescermos e melhorarmos.
- Permitir que aprendamos a nos apreciar mais, mesmo quando as coisas não saem exatamente do jeito que gostaríamos.
- Oferecer uma oportunidade de entrar em contato, assumir a responsabilidade e expressar nossas verdadeiras emoções de forma autêntica.
- Proporcionar desafios, para que sonhemos mais alto, façamos ajustes ou repensemos nossa abordagem.

Quando aprendemos a apreciar nossos desafios e a enxergar as oportunidades neles, readquirimos de volta o poder, a partir das situações e resultados das nossas vidas. Nossa capacidade de apreciar as dificuldades, aprender a partir delas e utilizá-las para nosso benefício nos oferece um insight importante sobre quem realmente somos e como podemos criar sucesso e realização de forma deliberada e autêntica.

Ser corajoso, correr atrás do que desejamos e viver com autenticidade não significa, de forma alguma, que não encontraremos dificuldades nem falharemos. Na verdade, se não falharmos nunca, nem enfrentarmos nenhum desafio, isso provavelmente será uma indicação de que não estamos voando alto em nossas vidas. É importante aceitarmos o fato de que passaremos por alguns fracassos ao longo da jornada. Entretanto, ao assumirmos o compromisso pessoal de levantar, sacudir a poeira e dar a volta por cima, sermos verdadeiros sobre como nos sentimos em relação ao que aconteceu, sem permitir que isso nos impeça de ser quem somos e de correr atrás do que desejamos, descobriremos o verdadeiro poder, coragem e autenticidade.

Como Mark Twain nos lembra em uma das suas frases mais famosas: "Dance como se ninguém estivesse olhando; ame como se você nunca fosse sofrer; cante como se ninguém estivesse ouvindo; viva como se o paraíso fosse na Terra."

EXERCÍCIOS

A seguir eu apresento alguns exercícios poderosos que você poderá utilizar em sua vida para ajudá-lo a ser corajoso e correr atrás do que deseja de forma eficaz e autêntica.

1. Faça a si mesmo "a pergunta" todos os dias. "A pergunta" é: "Se hoje fosse o meu último dia de vida, o que eu diria e o que gostaria de fazer?" Apesar disso parecer um pouco melodramático, quando conseguimos viver a vida com uma percepção diária saudável da nossa possível morte, isso altera a forma como vivemos, nos faz prestar mais atenção ao que é verdadeiramente crucial na vida, quais as pessoas que são mais importantes para nós, serve de desafio e nos faz recordar que devemos ser corajosos de forma autêntica.

2. Faça uma lista dos seus objetivos e sonhos, e depois compartilhe-os com outras pessoas. Quando você entra em contato com seus objetivos e sonhos mais profundos, existem duas coisas muito importantes que você pode fazer para auxiliar a sua capacidade de manifestá-los na vida. A primeira coisa é preparar uma lista com esses itens. No caso dos planos, sempre que você trabalhar com outras pessoas, a melhor forma de fazer uma lista de objetivos é descrevê-los com uma linguagem positiva, específica, e de uma forma que lhe sirva de inspiração. É também uma boa ideia colocá-los em um formato do qual você se orgulhe e ao qual possa ter acesso com facilidade. Por exemplo, escreva seus objetivos em um papel elegante, emoldure-os e os coloque na parede em algum lugar perto de você – no quarto, no escritório ou em algum lugar desse tipo. A segunda coisa é compartilhá-los com pessoas que você respeite, admire e nas quais confie. Mostrar os seus objetivos para outras pessoas vai criar um senso de energia, responsabilidade e apoio para você, e ajudará a torná-los realidade.

3. Crie o seu time dos sonhos. Um "time dos sonhos" é um grupo de pessoas nas quais você pode se apoiar, criar laços, e das quais pode receber apoio quando dá um passo à frente e assume atos corajosos. Esse grupo pode ser grande ou pequeno; pode ser formado por amigos, familiares, colegas, mentores, instrutores, clientes ou qualquer outra pessoa. A ideia é formar um grupo de pessoas que se relacionem entre si e atuem coletivamente como seu "time dos sonhos", o que significa que eles serão um recurso para você e podem incentivá-lo a ser corajoso, a agir e a manifestar seus sonhos.

Pode ser que você prefira ter um time dos sonhos genérico, ou um que você monte especificamente para um objetivo grande ou sonho especial no qual esteja trabalhando. Convoque a sua "seleção" do seu jeito, com abordagem personalizada. Não se trata de você receber suporte dos outros de um jeito egoísta ou carente. Trata-se, sim, de pedir e receber apoio dos outros e, no processo, oferecer a oportunidade de eles fazerem o que mais apreciam: ajudar! É importante ser grato, cortês, e honrar a todos que o auxiliam, não importa se a ajuda é pequena ou grande.

4. Pratique regularmente ações corajosas e apaixonadas. Faça uma lista das coisas que você poderia fazer e que seriam corajosas e apaixonadas, e comece a pô-las em prática regularmente. Quanto mais atenção você der às oportunidades de ser audaz e apaixonado, mais oportunidades desse tipo lhe surgirão pela frente. Uma vez que isso é uma coisa que todos podem e devem fazer para evoluir como seres humanos, é uma boa ideia prestar atenção e anotar suas ações corajosas e passionais, a fim de realizá-las regularmente. Alguns exemplos de coisas simples que você deveria colocar na lista são: erguer a mão em reuniões ou aulas; sair com os amigos ou com a família em aventuras "não planejadas"; conversar com pessoas novas que você não conhece; pedir a ajuda de estranhos; dançar ou cantar em público; mostrar às pessoas o que você quer e qualquer outra coisa que possa lhe parecer corajosa ou passional.

5. Escreva uma declaração de missão e visão de vida. Crie uma missão e visão pessoal de vida, como as empresas fazem. Existem muitas fórmulas, formatos e definições para declarações desse tipo e como fazê-las, mas não se prenda muito ao processo correto – simplesmente faça! Ter uma missão e uma visão para a sua vida pode ecoar dentro de você e lhe servirá de inspiração e apoio para você ser corajoso e viver com autenticidade. A sua missão é quem você é e como vive em termos de vida diária. Minha declaração de missão para minha vida é: "Eu crio um mundo de amor e paz amando a mim mesmo e lembrando aos outros para amarem a si mesmos." Isso está escrito e impresso em um papel dourado, emoldurado e pendurado na parede sobre a minha mesa de trabalho. A sua visão deve falar de *onde* você quer estar e *como* quer que a sua vida seja no futuro (em outras palavras, para onde você está indo). É uma visão de futuro, mas a intenção básica é focar no momento presente e no que é mais importante para você, hoje. Para a sua visão, imagine-se daqui a cinco, dez ou vinte anos, escreva em detalhes como é a sua vida, como você se sente e o que está vivenciando na ocasião, mas como se tudo estivesse acontecendo neste exato momento. Seja claro e específico, mas não se prenda a detalhes sem importância, pois eles provavelmente irão se modificar muito ao longo do tempo.

Ser corajoso é um aspecto importante da nossa jornada rumo a uma maior autenticidade em nossas vidas. Agora que vimos os quatro princípios principais (*Conheça a si mesmo, Transforme o seu medo, Se expresse* e *Seja corajoso*), estamos prontos para dar uma olhada no quinto e último princípio, que é a base para sermos nós mesmos de uma forma poderosa: *Celebrar quem somos.*

7

PRINCÍPIO 5

Celebre quem você é

"Você, em seu íntimo, tanto quanto qualquer pessoa em todo o universo, merece seu amor e afeição."

Buda

Chegamos ao quinto e último princípio, *Celebre quem você é*. Para sermos autênticos, é essencial que celebremos quem somos estando em paz interior e apreciando quem somos por completo. Devido ao fato de passarmos muito do nosso tempo e da nossa energia focados no que achamos que está errado conosco, celebrar a nós mesmos não é fácil para a maioria de nós.

Neste capítulo, daremos uma olhada no que significa estar em paz conosco, nos apreciarmos e como podemos fazer isso de forma mais consistente e significativa em nossas vidas. Quando amamos e apreciamos a nós mesmos de forma completa, ser como somos e viver com autenticidade é muito mais normal e natural.

Fazendo as pazes consigo

Fazer as pazes consigo mesmo significa dar um tempo e se relacionar com o "eu" sob um verdadeiro sentido de simpatia, compaixão e aceitação. Isso não significa que sejamos preguiçosos, irresponsáveis, vivamos em negação ou não nos mantenhamos em um padrão elevado. Significa apenas que afastamos de nós mesmos a voz negativa do irritante Gremlin que nos lembra constantemente das nossas "falhas".

Somos ótimos exatamente do jeito que somos

Quando fazemos as pazes com nós mesmos, lembramos que estamos bem simplesmente sendo do jeito que somos. Por mais que tentemos fazer isso, muitas vezes nos preocupamos com o fato de que, se parássemos de achar que há algo errado conosco, não teríamos nada para nos motivar a mudar, a melhorar ou ser bem-sucedidos na vida. Pelo fato de vivermos em uma cultura fixada unicamente no "mais, melhor ou diferente", a maioria de nós tem uma obsessão com o que consideramos "ruim" a respeito de nós mesmos, e é necessária muita prática para lembrar que somos ótimos do nosso jeito, assim mesmo.

Um grande exemplo disso veio em uma resposta da minha amiga Holly a uma das perguntas que lhe fiz quando realizava pesquisas para este livro. Ela disse:

Eu, como a maioria das mulheres, arrancava cada cabelo branco assim que ele aparecia. Em vez de literalmente arrancar todos os meus cabelos, resolvi tingi-los. Depois de 12 anos tingindo os cabelos por medo de parecer velha, minha voz interior começou a gritar para mim mesma: "Deixe os cabelos grisalhos." Eu reagia de volta dizendo: "Não, ainda não, porque não quero parecer velha."

"Ninguém vai me dar emprego", "Vou ser menos atraente" e frases desse tipo eram as que eu usava o tempo todo, para me convencer. Minha vozinha interior não se convencia e continuava insistindo para que eu deixasse os cabelos brancos. Por fim, eu cedi. Aproveitando um longo período de férias, decidi deixar minhas raízes brancas crescerem à vontade. Lembro de Jan, minha amiga querida, me dizendo que ela viria segurar minha mão durante o processo, em solidariedade, caso eu me sentisse horrorosa ou velha, mas isso nunca aconteceu. Em vez disso, algo milagroso aconteceu. Ao ouvir meu eu interior, parei de colocar o dedo no buraquinho do dique que impedia a marcha do tempo, deixei de tentar ser "adequada" e acabei me sentindo fortalecida, autêntica e, para ser franca, mais radiante do que me sentia quando jovem.

O mais louco dessa história é que minha família, meus amigos e clientes confessaram gostar mais dos cabelos brancos. Acho que eu me tornei capaz de me conectar mais profundamente com as pessoas, pois me tornei mais verdadeira e acessível. Em vez de dizer que os 60 anos equivalem aos 40 de antigamente, agora eu digo que os 60 equivalem aos 60, mesmo.

Abraçando nossos lados sombrios

Outro elemento muito importante para fazer as pazes consigo mesmo e ser capaz de celebrar quem somos em sua totalidade é abraçar nossos "lados obscuros". Esse "lado" é geralmente chamado de "lado sombrio". A sombra é um conceito importante que foi expandido de formas psicológicas, emocionais e espirituais por muitos instrutores desde que Carl Jung o introduziu, em meados do século XX. Todos nós temos uma sombra formada pelos instintos e emoções suprimidos pelo inconsciente.

De acordo com Jung, "Quanto menos essa sombra estiver incorporada à vida consciente do indivíduo, mais escura e densa ela será". Em outras palavras, é importante que identifiquemos, façamos as pazes e abracemos nossas sombras, senão elas terão um impacto que debilitará de forma significativa nossas vidas. Entretanto, como muitas das nossas sombras consistem no que consideramos "negativo" ou puramente "perverso", é preciso muita coragem, comprometimento e autenticidade para lidar com isso e integrar essas sombras nas nossas vidas de forma positiva.

Como nossas sombras são inconscientes, muitas vezes as vemos nos outros antes de identificá-las em nós mesmos. Sempre que reagimos de forma emocionalmente exacerbada a uma qualidade ou característica em alguém que nos impressione de forma especial, certamente estamos vendo parte da nossa sombra na outra pessoa. Geralmente é com o elemento repulsivo que ecoa profundamente dentro de nós que criamos mais identificação. Se não reconhecermos esses aspectos obscuros de nós mesmos, se não os assumirmos e abraçarmos, qualquer qualidade deles que não suportamos ou quaisquer aspectos de nós mesmos que não assumimos continuará a dominar nossas vidas.

Como disse Debbie Ford, uma das mais inspiradoras instrutoras modernas do trabalho com as sombras e autora do livro *O lado sombrio dos buscadores da luz*: "O que você não domina, domina você."

Gwen, uma instrutora que eu tive há muitos anos, me disse certa vez: "Mike, você age como um cara legal na superfície mas, por baixo, se julga melhor que as outras pessoas, não é verdade? Por dentro você é um cara arrogante, mesmo que tente fingir o contrário."

Ao ouvir isso, eu me coloquei na defensiva e disse: "Está brincando? Eu não sou assim!" Eu nem acreditei que ela havia tido a coragem de me dizer uma coisa daquelas. Fiquei chateado e ofendido. Entretanto, durante os dias que se seguiram, não conseguia parar de pensar no que ouvira.

Quando tornamos a nos ver, na semana seguinte, eu disse a ela: "Não acredito que você teve a coragem de me dizer uma coisa daquelas. Fiquei revoltado e muito chateado, mas... quer saber de uma coisa? Você tem razão! Eu realmente me acho melhor que as outras pessoas. Embora não admita, por baixo da minha aparência de cara humilde e simpático eu, às vezes, sou mesquinho. Sei que odeio essas características nas outras pessoas e detesto ainda mais vê-las em mim mesmo. Estou superenvergonhado."

Gwen então me disse: "Mike, em primeiro lugar, eu só lhe disse aquilo para chamar sua atenção, e parece que consegui. Em segundo lugar, e o mais importante: não há nada de errado com você. Na verdade, é ótimo você ter percebido que é um sujeito arrogante por dentro, ter encarado e assumido isso. Agora você pode fazer as pazes com esse lado escuro de si mesmo e resolver isso. Todo mundo é arrogante, às vezes. Aceitar isso lhe permitirá assumir o "lado claro" da arrogância, que é a autoconfiança e a força, em vez de viver a vida escondendo o fato de que você, às vezes, também pode ser um sujeito mau."

Gwen tinha razão. Como disse Gloria Steinem: "A verdade o libertará, mas, antes disso, o deixará revoltado."

Ter compaixão por nós mesmos e abraçar o lado escuro de quem somos é libertador. Quando conseguimos ver e aceitar tudo o que somos, não só as coisas que julgamos "boas", adquirimos um poder verdadeiro e somos capazes de celebrar a nós mesmos de maneira completa. Conforme discutimos na Parte 1 do livro, muito do nosso tempo e energia é gasto tentando encobrir, consertar, mudar ou evitar as coisas que consideramos "ruins" em nós mesmos. Isso gasta muita energia e provoca muito estresse, sofrimento e dor em nossas vidas e para as pessoas à nossa volta. Embora não haja nada de errado em querer melhorar certos aspectos de nós mesmos ou em querer mudar certas características das quais não nos orgulhamos, a melhor forma de abordarmos isso é a partir de uma perspectiva de autoaceitação e amor por nós mesmos.

Perdoando a si mesmo

Autoperdão é uma parte essencial no processo de fazer as pazes consigo mesmo. Eu descendo de uma longa linhagem de pessoas ressentidas, de ambos os lados da família. Foi preciso muito trabalho interno, muita prática de autoperdão e de perdão aos outros para eu me livrar de muitas mágoas que arrastei ao longo da vida. Para mim e para a maioria de nós, esse é um processo em construção constante, e nem sempre é fácil. Guardar rancores é uma coisa na qual muitos de nós somos especialistas. E nossas mágoas são focadas principalmente sobre nós mesmos. Geralmente nos prendemos a questões, falhas e erros que cometemos no passado e muitas vezes somos incrivelmente duros conosco. Entregamos o poder aos nossos Gremlins e permitimos que a negatividade e a autocrítica levem o que temos de melhor.

Autoperdão não se trata de um jeito cor-de-rosa de nos livrarmos da culpa, evitando a responsabilidade pessoal sobre as coisas. O verdadeiro autoperdão é, na verdade, exatamente o oposto. Quando enfrentamos nossas fraquezas, falhas ou erros de forma direta, assumimos a responsabilidade por eles, consertamos o que é necessário e, por fim, perdoamos a nós mesmos, conseguimos aprender, crescer e superar nossas maiores deficiências, contratempos e dificuldades na vida.

Com relação ao autoperdão, meu amigo Jonathan disse:

> Aceitar a minha sexualidade foi a coisa mais apavorante e libertadora que eu realizei. Eu era casado com uma mulher na época, um "pilar da comunidade" — e estava no início de uma carreira muito promissora. Sabia que ia ser desprezado por muitos e que isso iria abalar a fundo a minha família, mas já não conseguia mais negar o que eu era.

> Tive de me perdoar por mentir sobre quem eu era durante tanto tempo, por magoar e trair a confiança de muitas pessoas que me amavam, e por me sentir apavorado demais para lidar com isso durante quase trinta anos.
>
> No fim, depois de todo o abalo e a dor que foi causada até, finalmente, a aceitação e o perdão, tudo ficou certo e harmonioso no meu mundo. Eu só consegui ter autenticidade e paz na vida quando eu "me assumi".

O que você pode perdoar em si mesmo e deixar para trás neste exato momento?

VEJA ISTO
Os muitos benefícios do perdão

Segundo os pesquisadores da mundialmente famosa Clínica Mayo, existem provas científicas de que guardar mágoas e amarguras resulta em problemas de saúde, a longo prazo. O perdão, por outro lado, oferece numerosos benefícios, inclusive:

- Diminuição da pressão arterial.
- Redução do estresse.
- Menos hostilidade.
- Melhora nas habilidades de gerenciamento da raiva.
- Diminuição dos batimentos cardíacos.
- Diminuição no risco de abuso de substâncias ou de álcool.
- Menos sintomas de depressão.
- Menos sintomas de ansiedade.

- Diminuição da dor crônica.
- Mais amizades.
- Relacionamentos mais saudáveis.
- Mais bem-estar religioso e espiritual.
- Melhora no bem-estar psicológico.

Apreciando o nosso valor

Quando amamos, valorizamos e reconhecemos a importância de nós mesmos, tanto no que fazemos e, o que é mais importante, no quem somos, apreciamos nós mesmos muito mais.

Aqui está uma lista de exemplos simples de autoapreciação:

- Celebrar o próprio sucesso.
- Falar de nós mesmos de um jeito positivo.
- Aceitar cumprimentos com facilidade e gratidão.
- Perdoar a nós mesmos e aos nossos erros.
- Cuidar de nós mesmos – física, emocional, mental e espiritualmente.

A verdadeira autoapreciação está, muitas vezes, muito abaixo da nossa linha d'água, e não é algo que seja socialmente aceitável. Empregá-la exige coragem e vulnerabilidade de nossa parte. Todos esperam que sejamos autodepreciativos e modestos, e acham que não devemos criar expectativas muito elevadas de nós mesmos – o que é absolutamente ridículo, porque ao mesmo tempo eles esperam que acreditemos em nós mesmos, tenhamos fé e confiança na vida. Ter a coragem de apreciar a nós mesmos de forma completa é uma das coisas mais autênticas e generosas que podemos fazer para honrar, apoiar e fortalecer quem somos de forma genuína.

VEJA ISTO
Grande frase

Segundo o autor e psicoterapeuta Bobbe Sommer, PhD, "Ter uma baixa opinião de si mesmo não é 'modéstia', e sim autodestruição. Valorizar a capacidade de sermos únicos não é 'egoísmo', e sim uma pré-condição necessária para a felicidade e o sucesso".

Cada um de nós é único

Sempre houve e sempre haverá apenas uma edição de cada um de nós. Embora saibamos disso e tenhamos ouvido muitas vezes exatamente essa frase em vários momentos da vida, pronunciada pelos mesmos pais, professores, orientadores espirituais, amigos, treinadores, membros da família e outros que também nos ensinaram a ser inautênticos – eles tinham razão ao nos dizer isso. Infelizmente, ou nos esquecemos desse fato, escolhemos não prestar atenção ou não acreditamos no que nos disseram. Passamos a vida toda tentando ser como os outros, desejando ser de um jeito que não somos ou não podemos ser, ou nos desvalorizando de maneira tal que não honra nem reconhece nossa singularidade.

Em junho de 2008, a mídia e a política perderam um ícone. Tim Russert, apresentador do programa *Meet the Press* [Encontro com a Imprensa], na rede de televisão NBC, faleceu subitamente de ataque cardíaco. As manifestações de dor e apreço por Russert foram admiráveis e marcantes. Michelle e eu éramos grandes fãs de Tim Russert, e eu me senti muito triste pela sua morte e inspirado pela sua vida, embora só o conhecesse pela TV. Ao assistir às muitas entrevistas, retrospectivas e tributos à sua memória nos dias que se seguiram à sua morte, duas coisas a respeito de Tim Russert me impressionaram muito. Em primeiro lugar, ele era uma pessoa autêntica – e foi isso que fez com que tantas pessoas confiassem nele, o apreciassem e respeitassem. Em segundo lugar, ele era único. Sua versão de ser único não era a da pessoa que quer aparecer, é educada demais ou simplesmente "diferente", e sim um jeito de ser no qual ele era verdadeiro consigo mesmo, com seus valores e com o que julgava importante.

Nascido em Buffalo, no estado de Nova York, Tim Russert era um garoto de cidade pequena que adorava futebol americano, a família, o país, nunca tentava ser o que não era, e isso transparecia no seu trabalho na TV, nos seus livros e, a julgar pelo testemunho de muitas pessoas que o conheciam, também em seus relacionamentos pessoais. Por meio de sua vida e sua morte, Tim Russert lembrou a todos do poder de sermos nós mesmos e de abraçar nossos dons e talentos únicos de forma autêntica.

Honrando a nós mesmos

Quando honramos a nós mesmos, apreciamos e celebramos quem somos de maneira autêntica. Honrar a si mesmo significa respeitar e cuidar de si. Muitas vezes estamos ocupados, nos focamos ou cuidamos de todo mundo à nossa volta e nos preocupamos com o fato de que, se tirarmos algum tempo para cuidar de nós mesmos, as pessoas podem nos considerar egoístas, narcisistas ou voltados para o próprio umbigo. Na verdade, é exatamente o contrário.

Eu estava conversando um dia desses com minha amiga Leslie a respeito desse fenômeno, e ela me falou de uma perspectiva de vulnerabilidade que me fez refletir. Ela me disse:

> Mike, à medida que minhas duas filhas foram ficando mais velhas, entraram na adolescência e depois se tornaram mulheres jovens, eu me senti preocupada e frustrada pelo fato de nenhuma delas se cuidar ou se valorizar – física, emocional ou profissionalmente. Isso me provocou muito estresse e criou pontos de conflito no meu relacionamento com elas. Ao avaliar com mais profundidade e refletir sobre a maneira como eu as eduquei e criei, percebi que, enquanto elas cresciam, eu fiz de tudo para cuidar delas e do pai delas, dedicando-me a eles de todas as maneiras possíveis, ao mesmo tempo em que fazia de tudo para manter a família unida, ganhar dinheiro e cuidar de tudo ao mesmo tempo. Entretanto, o que eu nunca dei às minhas filhas foi um exemplo de uma

mulher adulta que valoriza e cuida de si mesma. Só então compreendi e tive compaixão pela forma como elas estavam lutando para seguir exatamente o modelo que viram a vida toda em mim.

Aqui vão algumas coisas que você pode fazer para se valorizar de forma mais eficaz:

- Utilize palavras positivas e amorosas ao falar de si mesmo.
- Cuide de você e das suas necessidades antes de qualquer outra coisa, e só então vá cuidar dos que estão à sua volta.
- Peça especificamente o que quer.
- Diga "não" sempre que for preciso.
- Ouça sua consciência e sua intuição.
- Defenda o que julga importante para você
- Descanse.
- Confie em si mesmo.
- Peça e aceite ajuda dos outros.
- Faça coisas que você curte.
- Divirta-se.
- Quando alguém o elogia, simplesmente diga "Obrigado" e curta o momento.

Assumindo a nossa grandeza

O Grande Buckminster Fuller disse: "Estou convencido de que todas as pessoas nascem com muito mais dons do que os que conhecemos. Quase todos os seres humanos nascem gênios e são 'desgeniados' rapidamente pelo ambiente em que vivem."

Muitas vezes traímos a nossa verdadeira grandeza ao ceder aos nossos medos, dúvidas e inseguranças, ou simplesmente permitindo que nossos Gremlins assumam a situação e nos convençam de que "não podemos". Assumir a nossa "grandeza" não se trata de competir com as pessoas nem nos comparamos aos outros. Isso não tem nada a ver com os outros, e tem tudo a ver com quem somos, com os talentos naturais que possuímos e com a capacidade de permitir que nossa estrela brilhe. Esse é um dos maiores e mais importantes desafios das nossas vidas. Passamos e gastamos muito tempo nos preocupando com o que as outras pessoas pensam, tentando nos encaixar ou esperando não estragar as coisas e, nesse processo, perdemos a noção de quem realmente somos, por que estamos aqui, o brilho e a beleza que existe dentro de nós e que deveríamos compartilhar com os outros e com o mundo à nossa volta.

Pensem nas ocasiões em suas vidas em que vocês foram capazes de se desviar um pouco do caminho para deixar sua verdadeira grandeza aparecer. Para a maioria de nós, esses são os momentos mais estimulantes, empolgantes e gratificantes na vida – mesmo quando eles são assustadores ou dolorosos, a princípio. Aqui vão algumas dicas sobre o que você pode fazer para praticar o ato de assumir sua própria grandeza com mais frequência:

- Reconheça e aprecie você mesmo o tempo todo.
- Assuma riscos e "corra atrás" sempre que tiver chance.
- Pare de se desculpar.
- Celebre os seus fracassos tanto quanto os seus sucessos.

- Foque nos seus pontos fortes.
- Não se leve a sério demais.
- Esteja cercado por pessoas excepcionais, compassivas e prestativas.
- Seja grato.

Não importa o que admiremos nos outros, todas as características deles, em algum nível mais profundo, também têm a ver conosco. Isso é o oposto dos lados negros ou das sombras sobre as quais falamos antes. Nossas "sombras claras" são feitas de muitos dos dons, talentos e qualidades positivas reprimidas dentro de nós e dos quais nos esquecemos ou fomos levados a acreditar que não possuímos. Quando vemos coisas nos outros que nos inspiram, atraem ou empolgam, esses são aspectos das nossas sombras claras.

Isso não significa que possamos desempenhar as mesmas funções ou possuir os mesmos talentos específicos das outras pessoas, mas significa que as qualidades abaixo da linha d'água das outras pessoas que lhes permitem manifestar sucesso e realização também existem em nós, do mesmo modo que existem em todos os seres humanos. Esse conceito geralmente não é fácil de compreender e praticar, porque fomos treinados, desde crianças, a competir com os outros, a nos comparar com eles, a viver num mundo de escassez e limites, e estamos separados uns dos outros. Quando começamos a nos livrar dessas e das outras noções negativas, limitadoras e equivocadas que nos fazem ser menores do que deveríamos ser na vida, damos um passo à frente rumo ao poder e à grandeza de assumir ser quem realmente somos.

Em resposta a uma pergunta a respeito de ser autêntico e correr atrás do que queremos na vida, meu amigo Scott disse:

> Fui produtor e roteirista de um documentário do qual implorei para participar. Todos achavam que aquilo ficava fora da minha área, mas finalmente me deram luz verde. Era um documentário esportivo sobre uma corrida ciclística do tipo Tour de France, que seria apresentado no horário nobre. Escolhi escrever o documentário como uma história com princípio, meio e fim. Tal postura gerou controvérsias, pois isso não era comum em um documentário sobre esportes na época – mas me pareceu o certo, eu sabia que conseguiria ser bem-sucedido e acreditava, no íntimo, que o programa seria um grande sucesso.
>
> Os executivos da rede de TV estavam na cidade, e os produtores me fizeram mostrar a eles o que eu tinha feito até então. O silêncio depois da exibição foi quase palpável. Dava para perceber que eles não tinham gostado do que viram. O executivo principal disse que a coisa não iria funcionar e que eu deveria seguir um roteiro mais tradicional. Determinou que eu desfizesse tudo e recomeçasse do zero.
>
> Ao voltar para a sala de montagem com meu editor, reclamei, me descabelei e tomei a decisão que mudou minha carreira. Comuniquei ao editor que ele poderia cair fora do projeto, se desejasse, mas eu não iria mudar nada do que havia feito. Sabia que a coisa iria funcionar, mesmo para uma plateia de horário nobre

que não conhecia nada de ciclismo. Meu editor não me abandonou. Terminamos tudo depois de um trabalho contínuo de quase cem horas. O programa foi ao ar conforme o tínhamos idealizado e ganhou vários prêmios, inclusive os Emmys de melhor programa esportivo e de melhor fotografia.

Autoamor – O objetivo definitivo

O objetivo definitivo de sermos nós mesmos de modo autêntico é amarmos a nós mesmos de forma completa. Se amamos a nós mesmos de verdade, muitas das coisas com as quais nos preocupamos e muitas outras pelas quais lutamos ao longo da vida nos parecerão sem sentido. Podemos continuar com algumas preocupações, e certamente continuaremos a ter objetivos, sonhos e desejos. Entretanto, a partir de um local de verdadeira autoapreciação e amor, o medo por trás das nossas preocupações e a motivação para nossos objetivos se modificarão de forma dramática, e passarão de algo que precisamos evitar ou produzir a fim de obter amor para algo com o qual estamos verdadeiramente preocupados, ou algo que desejamos verdadeiramente realizar.

Por outro lado, se não amamos a nós mesmos, nada realmente tem importância. Não importa o que conquistamos, criamos ou vivenciamos, nunca seremos capazes de apreciar isso tudo, nem nos sentiremos gratificados durante o processo, porque estamos constantemente lutando para sermos amados e valorizados.

Autoamor é o que todos buscamos. Infelizmente, passamos a maior parte das nossas vidas achando que alguém ou algo mais pode nos oferecer o que nós (e apenas nós) podemos dar a nós mesmos. Para sermos realizados na vida, temos de encontrar o amor interior e dá-lo a nós mesmos. Nenhuma outra pessoa, nem quantidade de dinheiro, nem posse material nem realização mundana poderá alcançar isso. Depende de nós. Temos a oportunidade de nos celebrar sempre, por qualquer motivo e a qualquer tempo.

Amar a mim mesmo é uma coisa que eu almejo e luto para conseguir no meu dia a dia. Passo grande parte do meu tempo e uso muita da minha energia tentando me amar, em algumas vezes de forma mais eficiente do que em outras. Nos meus melhores momentos, conheço a paz surpreendente, a gratidão e a realização que vêm do autoamor. Adoro o jeito como eu me sinto, como o mundo parece, como eu trato bem de mim mesmo e como me relaciono com os outros. Quando eu me amo, estou sempre disponível para doar, a mim e aos outros, de forma livre, aberta, generosa e autêntica – o que, para mim, é a coisa mais importante da vida. Nos meus momentos de mais baixo astral, conheço a dor e o sofrimento de não amar a mim mesmo e vejo o impacto que isto tem no meu trabalho, nos meus relacionamentos, na minha família e na minha vida.

Gostaria de afirmar que tenho a "fórmula mágica" para nos amarmos de forma incondicional. Não a possuo, e não creio que alguém a conheça. Trata-se de uma jornada pessoal que todos nós precisamos empreender em nossas vidas, pois ela acontece no passo a passo da nossa experiência de vida. Quando estamos dispostos a reconhecer o desafio, o poder do autoamor e lembrar que amar a nós mesmos é o objetivo mais importante, somos também lembrados da necessidade de celebrar tudo o que somos de forma autêntica.

Imagine como a vida poderia ser se você se amasse de forma completa e verdadeira. Imagine como o mundo seria se todos nós amássemos a nós mesmos!

EXERCÍCIO

Escreva uma carta de amor para si mesmo

Este é um exercício poderoso que eu às vezes faço com meus clientes e nas minhas oficinas. Para ser feito de forma eficiente, você deverá abaixar a sua linha d'água, cair na real e estar disposto a expressar amor e apreciação por você mesmo de um jeito vulnerável, corajoso e autêntico.

Passo 1

Reserve algum tempo para refletir e sentir o amor que você tem por si mesmo. O que você aprecia mais em si mesmo? De que sente orgulho? Do que você poderia se parabenizar por ter conseguido? Imagine que você está escrevendo uma carta de amor para alguém que ama profundamente. Nesse caso, essa pessoa é você. Isso talvez leve algum tempo. Pode ser que você tenha de enfrentar o seu Gremlin, o seu medo ou qualquer autocrítica, julgamento ou ceticismo que sente por si mesmo ou por expressar autoamor dessa forma.

Passo 2

Pegue um pedaço de papel e escreva uma carta de amor sincera para si mesmo, expressando amor, afeto, reconhecimento e gratidão. Seja tão generoso e audaz quanto conseguir em sua expressão de autoamor. Agradeça a si mesmo por tudo o que você faz, pelo que conseguiu, pelos riscos que tomou e até mesmo pelos fracassos que vivenciou, pelos obstáculos que enfrentou e pelos equívocos que cometeu. O mais importante de tudo: agradeça, aprecie e ame a si mesmo pela pessoa que você é. Lembre que por trás de todos os sucessos, fracassos, ações, emoções e tudo o mais em sua vida está o verdadeiro você, e expresse seu amor por essa pessoa o mais profundamente que conseguir.

Passo 3

Feche a carta, coloque seu nome e endereço nela, cole um selo e entregue-a a alguém em quem você confia. Explique a essa pessoa que essa é uma carta sagrada que você escreveu para si mesmo e que gostaria que a pessoa a colocasse no correio em algum momento do ano que vem, ou quando ela escolher. Ela pode enviar a carta no dia seguinte, na semana seguinte, dali a três meses ou no fim do ano. Sinta-se à vontade para contar muito ou pouco a respeito do conteúdo da carta e dos detalhes da experiência; isso vai depender apenas de você. Se você desejar contar à pessoa a respeito da carta, talvez ela até se sinta inspirada a escrever uma carta de amor para si mesma e entregá-la a você para envio. Esse pode ser um jeito divertido de conseguir apoio e apoiar os outros. De qualquer modo, entregue a carta, peça à pessoa que a envie para você e tenha a confiança de que ela vai aparecer na sua caixa de correio no momento certo... Isso sempre acontece!

EXERCÍCIO

A seguir estão alguns exercícios que você poderá utilizar para ajudá-lo a reconhecer e celebrar a si mesmo de um jeito poderoso e autêntico.

1. Trabalhe com a sua sombra. Em seu trabalho pessoal com você mesmo, no seu relacionamento com os outros, em seu trabalho com um treinador ou terapeuta, ou nas oficinas de aprimoramento pessoal das quais participar, preste atenção à sua sombra, comece ou continue a fazer as pazes consigo mesmo e abrace essa ideia. O melhor livro que eu já li sobre este assunto é *O lado sombrio dos buscadores da luz*, de Debbie Ford, que mencionei no início deste capítulo. Debbie também oferece uma oficina intensiva de três dias denominada "O Processo da Sombra", da qual eu e Michelle participamos. Recomendamos com entusiasmo. Não importa o método que você escolha, certifique-se de que parte da sua jornada de crescimento inclua algum trabalho com a sua sombra. Isso é essencial de modo geral, especialmente quando se relaciona com você ser você mesmo, celebrar quem você é e viver com autenticidade.

2. Separe um tempo para celebrar. Quando algo importante lhe acontece – grande ou pequeno – faça um esforço para celebrar o fato, reconhecê-lo e fazer disso uma festa pessoal. Pode ser o seu aniversário de nascimento, ou de casamento, um novo emprego, um grande risco que você assumiu, ou até mesmo as atividades diárias, eventos e interações da sua vida. Por exemplo, separe um tempo a cada noite, durante o jantar, para celebrar a si mesmo, a sua vida, as pessoas à sua volta e o seu dia. A cada noite de Réveillon, celebre o ano que passou, com todos os seus altos e baixos.

3. Pratique autoafirmações positivas. As afirmações são poderosas. Atualmente já existem provas científicas de que nossos pensamentos, sentimentos e palavras têm um impacto muito maior na nossa saúde, nos nossos relacionamentos e nos resultados da nossa vida do que acreditávamos antigamente. A conversa mais importante que temos todos os dias é a conversa conosco a respeito de nós mesmos. Uma vez que os nossos Gremlins muitas vezes regem nossos diálogos internos, a maioria dos nossos pensamentos e "conversas mentais" é muito negativa. Uma das melhores maneiras de quebrar esse círculo vicioso e praticar a apreciação e a celebração de nós mesmos é exercitar autoafirmações positivas – em nossa mente e em voz alta, regularmente. O segredo para qualquer afirmação é sentir o que está pensando ou dizendo. Às vezes, no início, talvez lhe pareça que você está "inventando" algo que não é real, mas depois de dizer e pensar uma afirmação em especial de forma regular, você começará a senti-la de forma mais profunda e começará a acreditar nela. Nossos pensamentos e palavras não só servem apenas para descrever as coisas, como também as criam. Uma das melhores maneiras de fazermos nossas afirmações é dizê-las diretamente para nós mesmos, diante do espelho.

4. Crie uma prática de autoapreciação regular. Separar algum tempo para apreciar a si mesmo, de forma regular, é uma das melhores coisas que você poderá fazer. Além das afirmações, ou em conjunto com elas, você poderá criar uma prática simples de autoapreciação em um esquema contínuo, de preferência diário, mas que poderá variar conforme você desejar. Escreva todos os dias, em uma espécie de diário, algumas coisas que você aprecia em si mesmo. Quando ainda estiver deitado, de manhã, antes de se levantar, ou quando estiver prestes a dormir, à noite, pense em coisas das quais você se orgulha e aprecia em si mesmo. Converse com um amigo, com um membro da família, com um ente querido ou com qualquer outra pessoa na qual você confie e reveja algo que cada um aprecia no outro e em si mesmo. Não é importante o que você faça, especificamente, e sim que reserve algum tempo todos os dias, como você faz com o banho diário, para apreciar quem você é de um jeito genuíno.

Os cinco princípios que discutimos nos cinco capítulos anteriores, o Princípio 1: *Conheça a si mesmo*; Princípio 2: *Transforme o seu medo*; Princípio 3: *Expresse a si mesmo*; Princípio 4: *Seja corajoso* e o Princípio 5: *Celebre quem você é*, representam, cada um deles, aspectos de ser você mesmo e viver uma vida de autenticidade. Ao viver de acordo com esses princípios e utilizar as práticas sugeridas, você vai se tornar mais verdadeiro e será mais quem realmente é no seu trabalho, nos seus relacionamentos e na sua vida.

Agora que olhamos para ambas as razões que tornam tão difícil sermos nós mesmos (as mensagens externas e as crenças internas que nos impedem) e como podemos utilizar o poder da autenticidade em nossas vidas (os cinco princípios), devemos voltar a atenção para a parte final e crítica desse processo: a ação. Não se trata normalmente do que sabemos, mas sim do que fazemos e praticamos que faz realmente diferença nas nossas vidas. O próximo capítulo, que é o último, foca em como juntar toda essa informação e inspiração, a fim de colocá-la em ação na sua vida de um jeito verdadeiro.

Parte III

Autenticidade em ação

8

Vivendo a sua vida autêntica

"Siga com toda a confiança na direção dos seus sonhos. Viva a vida que você imaginou."

Henry David Thoreau

Este capítulo final é sobre pegar tudo o que discutimos neste livro e colocá-lo em ação nas nossas vidas de forma significativa. Vou recapitular os pontos mais essenciais e conversar a respeito da importância da ação, da responsabilidade e do apoio. Logo depois deste capítulo, temos uma seção de fontes e recursos (livros, arquivos de áudio, vídeos e oficinas) que você poderá utilizar para aprofundar seu crescimento e desenvolvimento pessoal, pois todos eles têm a ver com autenticidade de um modo geral. O objetivo deste último capítulo é resumir os temas abordados e lhe oferecer um trampolim para viver a vida de forma autêntica e gratificante.

Sobre o que trata este livro, afinal de contas?

Seja autêntico – outras personalidades já têm dono foi esquematizado em duas partes distintas. A Parte I aborda o porquê de ser tão difícil para nós sermos autênticos no nosso trabalho, nos nossos relacionamentos e nas nossas vidas. A Parte II está focada nos cinco princípios da autenticidade e em como essa prática poderá se tornar mais real no seu dia a dia.

Parte I: Por que é tão difícil ser autêntico

Ser autêntico pode ser desafiador para a maioria de nós por uma infinidade de motivos. O Capítulo 1 abordou alguns desses fatores externos e culturais, enquanto o Capítulo 2 se fixou em motivos mais pessoais pelos quais muitas vezes nós lutamos para ser quem realmente somos na vida. Os pontos principais da Parte I foram:

- Muitos de nós não aprendemos em nossas famílias, nem na cultura na qual vivemos, a sermos nós mesmos e nos mostrarmos autênticos.
- Recebemos mensagens de uma variedade de fontes (família, escola, religião organizada, política, mídia e outras) que muitas vezes nos influenciam e nos fazem achar que não podemos ser quem realmente somos.
- Cada um de nós cria uma *persona* – um jeito inautêntico de viver a vida e que encobre muitos dos aspectos verdadeiros de quem somos na realidade, e tem a ver

unicamente com ir em frente, parecer bonito e não deixar que as pessoas descubram as coisas "ruins" sobre nós que não queremos que elas descubram.

- Autocrítica nos faz focar muito do nosso tempo e da nossa atenção no que achamos errado conosco e assumimos que precisa ser consertado – levando-nos, em função disso, a achar que quem somos não é bom o bastante.
- O medo é a maior barreira à nossa autenticidade. Muitas vezes ficamos apavorados de sermos quem realmente somos, dizermos o que realmente queremos e nos expressarmos de forma autêntica, devido ao medo do julgamento e da rejeição dos outros.

É importante que cada um de nós reconheça, fale a verdade e assuma a responsabilidade pelos fatores externos e internos de nossas vidas e de nossas personalidades que tornam mais difícil e assustador, para cada um de nós, viver de um jeito autêntico. É igualmente essencial que façamos isso com uma grande parcela de compaixão e compreensão. Não existe nada de errado conosco. Ser autêntico é um desafio para quase todo mundo. A Parte I foi planejada para funcionar como um mergulho profundo nos fatores culturais e pessoais que nos impedem de levar a vida de forma autêntica. Ao confrontarmos esses fatores de forma direta e objetiva, assumindo-os e fazendo as pazes com eles, seremos capazes de nos mover além do que normalmente nos impede de sermos quem realmente somos e de levarmos a vida de forma autêntica.

Parte II: Os cinco princípios da autenticidade

Os cinco princípios da autenticidade que apresentamos na Parte II foram desenvolvidos para nos fortalecer com ideias, perspectivas e dicas para maior autenticidade e realização no nosso trabalho, nos nossos relacionamentos e na nossa vida.

Princípio 1: Conheça a si mesmo

Conhecer a nós mesmos é o primeiro passo para ser quem realmente somos de forma autêntica. É preciso coragem para olhar de verdade no fundo de nós mesmos e nos tornarmos conscientes de quem somos de verdade, debaixo da linha d'água. Nosso compromisso com o crescimento pessoal, com o descobrimento de mais coisas sobre quem somos e a aceitação do apoio, do feedback honesto e da orientação dos outros é essencial para a nossa capacidade de conhecer a nós mesmos e, a partir daí, sermos autênticos.

Princípio 2: Transforme o seu medo

Todos nós nos assustamos na vida, especialmente quando vivemos, falamos e agimos de forma autêntica. Não existe nada de errado conosco quando sentimos medo; ele é uma das emoções humanas mais básicas e comuns. Nossa resistência e a negação do nosso medo é que são os verdadeiros problemas. Quando somos capazes de admitir, assumir, sentir e expressar nosso medo, temos a capacidade de transformá-lo e utilizar o seu poder de forma positiva. Entrar em ação diante do nosso medo é corajoso e fortalecedor. Ser capaz de sentir nosso medo e, ao mesmo tempo, não permitir que ele nos impeça de seguir em frente é essencial ao nosso comprometimento em viver uma vida autêntica.

Princípio 3: Se expresse

Nos expressamos de forma completa é um dos aspectos mais importantes de ser autêntico. Quando temos a coragem de falar a nossa verdade, de lidar diretamente com nossos conflitos e expressar nossas emoções de forma completa, nos fortalecemos e nos levamos a ser quem somos de verdade em relação aos outros e à vida em geral. Sermos vulneráveis e verdadeiros, o que muitas vezes é visto, na superfície, como sinal de "fraqueza", é, na verdade o que nos fornece acesso à autenticidade, à liberdade e ao poder nas nossas vidas, no nosso trabalho e nos nossos relacionamentos.

Princípio 4: Seja corajoso

Ser corajoso tem a ver com viver, falar e agir com coragem e autenticidade. É preciso ter coragem para se mostrar verdadeiro consigo mesmo e viver uma vida autêntica. Entre as coisas que podemos fazer para sermos corajosos na vida está sermos corajosos diante de nós mesmos, vivermos com paixão, darmos um passo à frente, nos apoiarmos nos outros e, depois de cair, levantarmos na mesma hora. Quando lembrarmos e colocarmos em prática esses importantes elementos de coragem com determinação e de forma audaz, seremos capazes de ser quem realmente somos de forma corajosa e autêntica.

Princípio 5: Celebre quem você é

Celebrar quem somos, de forma completa e honesta, é o elemento mais importante para realmente nos tornarmos o que realmente nascemos para ser. Não se trata de parecer arrogante, nem perfeito, nem de controlar e saber lidar com tudo na vida. Trata-se de aceitar, reconhecer e assumir tudo o que somos, tanto nosso lado luminoso quanto o sombrio, e escolher celebrar a nós mesmos. Existe um, e sempre haverá apenas um de nós. Nosso desafio na vida é nos amarmos de forma genuína, se quisermos viver com um verdadeiro senso de autenticidade, realização e confiança. Ser quem somos tem a ver, basicamente, com celebrar a nós mesmos.

Esses cinco princípios de autenticidade são conceitos poderosos que, através do compromisso pessoal, da percepção aguçada e da coragem poderão ser incorporados à sua vida de forma regular. Cada um deles complementa e se soma ao anterior, levando o leitor através de um processo que começa com o conhecimento de si mesmo para, em seguida, buscar confrontar e transformar o medo, seguindo depois para a expressão completa de si mesmo, continuando com a análise da coragem e encerrando com o aspecto mais essencial de todos: celebrar e amar quem a pessoa é.

Autenticidade em ação

Ao acabar de ler este livro, há duas perguntas fundamentais que você deverá fazer a si mesmo:

1. De que modo todas essas informações se relacionam comigo e com a minha vida?
2. O que posso fazer para integrar mais autenticidade aos meus relacionamentos, ao meu trabalho e à minha vida, no dia a dia?

O poder da ação

Ler um livro é uma coisa maravilhosa de se fazer. É uma atividade que pode expandir nossas mentes, nos fornecer ideias, percepções e nos ajudar a alcançar pensamentos e sentimentos que são novos e essenciais para nosso crescimento. Entretanto, é por meio da aplicação dessas novas ideias e técnicas que as nossas vidas podem se transformar, pois é aí que o crescimento realmente acontece.

Muitas vezes sabemos exatamente o que precisamos fazer para conseguir mudanças positivas na nossa vida – estar em contato com quem somos de verdade; nos conhecer realmente, por dentro; ver, sentir e reconhecer o que é autêntico para nós. Entretanto, uma coisa totalmente diferente é agir em função desse conhecimento, falar em alto e bom som e assumir o compromisso de viver de um jeito que seja fiel a nós mesmos – coisas necessárias se desejarmos expandir a nossa capacidade de sermos nós mesmos de forma autêntica.

Colocando a autenticidade em ação na sua vida

Ao longo de todo este livro, houve muitas sugestões de possíveis ações e práticas. Você realizou exercícios, aprendeu uma técnica poderosíssima para transformar o seu medo, foi desafiado a "abaixar a sua linha d'água" e deixar que os outros soubessem mais sobre quem você realmente é, entre outras práticas e informações. Você também recebeu uma lista de exercícios no fim de cada um dos cinco princípios da autenticidade, lista que foi projetada para que você possa colocar em ação na sua vida as ideias de cada um dos cinco princípios. Só pelo fato de ler este livro, você já tomou várias atitudes que poderão trazer mais autenticidade e gratificação ao seu trabalho, aos seus relacionamentos e à sua vida.

A chave para o sucesso é pegar cada uma das ideias e ações deste livro, além de outras que você venha a descobrir ou inventar, e colocá-las em prática na sua vida de forma regular. Criar práticas regulares lhe permitirá expandir e aumentar a sua capacidade de conhecer a si mesmo, de sentir e transformar o medo e outras emoções, de expressar a sua verdade, de ser corajoso e, o mais importante, de celebrar quem você é!

Seria uma excelente ideia voltar ao início do livro, pegar suas anotações e rever alguns dos exercícios, técnicas e práticas que foram mencionados aqui e que você seguiu. Você ainda pode imaginar outras ações ou exercícios, relacionados à autenticidade, que você supõe que funcionarão melhor para a sua personalidade e seu estilo únicos. Ao colocar essas práticas em ação de forma consistente e determinada, você vai literalmente se transformar! Quais são as práticas específicas que você pretende colocar em prática na sua vida agora mesmo, como resposta à leitura deste livro e ao contato com esses exercícios?

Responsabilidade e apoio

A responsabilidade e o apoio podem ser mágicos, e ambos são essenciais para o crescimento, o sucesso e a realização de todos ao longo da vida. Sempre que sou contratado como instrutor de uma pessoa, meu trabalho é lidar com ela e lhe servir de apoio, para que ela assuma ações positivas rumo a seus objetivos e sonhos mais importantes. Pelo simples fato de alguém assumir compromissos com o que deseja realizar e com o que quer que seja manifestado em sua vida, ele já consegue resultados marcantes e se expande de maneiras que não imaginava serem possíveis.

Eu, por exemplo, tive instrutores maravilhosos, e também mentores e associados que desempenharam um papel vital no meu próprio sucesso e crescimento. Eles me apoiaram e me incentivaram, cobrando metas, me desafiando e reconhecendo os meus sucessos. Sem essa cobrança e apoio, muitas das nossas ideias e boas intenções continuariam sendo apenas ideias e intenções. Por meio de cobranças e apoio, somos capazes de colocar em ação o que está em nossa cabeça, e não precisamos fazer tudo por nossa conta. Pelo fato de a autenticidade ser, às vezes, tão apavorante, difícil e desafiadora, é importante termos outras pessoas em quem possamos nos apoiar. Pessoas nas quais consigamos suporte moral e que possam nos empurrar para a frente quando precisamos, nos amar quando necessitamos ser amados e caminhar ao nosso lado quando precisamos de companhia e incentivo.

No fundo, ser autêntico na vida ou viver com autenticidade nada mais é do que fazer escolhas, assumir compromissos e ter coragem. Que tipo de vida você quer construir para si mesmo? Como você quer ser, se relacionar com os outros e se empenhar na jornada que é a sua vida? Considerando que você leu este livro até estas páginas finais, suponho que vivenciar relacionamentos verdadeiros, ser quem você é no trabalho, expressar a sua verdade, correr atrás do que você realmente deseja e viver uma vida autêntica são coisas que você considera importantes.

Uma palavra final de reconhecimento por você

Ao chegarmos ao fim da nossa jornada, quero que você saiba o quanto eu me sinto grato e honrado por você ter confiado em mim para levá-lo através desse processo muito pessoal e importante. Espero que tenha sido gratificante para você, e agradeço profundamente a sua determinação de olhar bem dentro de si mesmo. Reconheço e o parabenizo pelo seu compromisso com a verdade, com o crescimento e com a realidade – na sua vida e de modo geral.

Eu lhe desejo tudo de bom em sua jornada de crescimento, descobertas e autenticidade. Por favor, conte-me como as coisas estão caminhando em sua vida. Fique à vontade para entrar em contato comigo através do meu web site, informado abaixo. E lembre-se sempre: seja autêntico, porque outras personalidades já têm dono!

Com os meus agradecimentos,
Mike Robbins
Site: www.mike-robbins.com

Fontes para pesquisas

A lista a seguir traz livros, oficinas, CDs, vídeos, sites e organizações nos quais eu acredito e recomendo com entusiasmo. Cada um deles lhe fornecerá apoio e servirá para fortalecê-lo em sua caminhada de descobertas e crescimento pessoal. Algumas dessas fontes são especificamente focadas na autenticidade e em ser você mesmo, enquanto outras estão mais genericamente focadas no desenvolvimento pessoal e espiritual. É importante dar uma conferida em todas elas.

Livros

Muitas destas obras foram citadas especificamente ao longo deste livro. Todas são excelentes e servirão para amplificar a sua busca pelo crescimento, sucesso e realização pessoal.

– *You Don't Have to Rehearse to Be Yourself* [Não é Necessário Ensaiar para Ser Você Mesmo], de Stewart Emery.
– *Uma hora para viver, uma hora para amar: uma história real sobre o melhor presente que alguém poderia dar*, de Richard Carlson e Kristine Carlson, publicado no Brasil pela Editora Rocco.

– *The Astonishing Power of Emotions* [O Espantoso Poder das Emoções], de Esther e Jerry Hicks.
– *Be Heard Now!* [Faça-se Ouvir Agora!], de Lee Glickstein.
– *Be Here Now* [Esteja Aqui Agora], de Ram Dass.
– *Be Yourself* [Seja Você Mesmo], de John Buffini.
– *Conversando com Deus*, de Neale Donald Walsch, lançado no Brasil pela Ediouro.
– *O lado sombrio dos buscadores de luz*, de Debbie Ford, lançado no Brasil pela Editora Cultrix/Pensamento.
– *Embracing Fear* [Aceitando o Medo], de Thom Rutledge.
– *The Energy Addict* [O Viciado em Energia], de Jon Gordon.
– *Excuse Me, Your Life Is Waiting* [Desculpe, Mas Sua Vida Está Esperando], de Lynn Grabhorn.
– *Extreme Success* [Sucesso Total], de Rick Fettke.
– *Fearproof Your Life* [Proteja Sua Vida do Medo], de Joe Bailey.
– *Tenha medo e siga em frente*, de Susan Jeffers, lançado no Brasil pela Editora Cultrix/Pensamento.
– *Os cinco desafios das equipes*, de Patrick Lencioni, publicado no Brasil pela Editora Campus/Elsevier.
– *Os cinco desejos: como a resposta a uma simples pergunta pode dar um novo sentido à sua vida*, de Gay Hendricks, lançado no Brasil pela Editora Sextante.
– *Bom para você*, de Mike Robbins, publicado no Brasil pela Editora BestSeller.
– *Esqueça a perfeição*, de Lisa Earle McLeod, publicado no Brasil pela Editora BestSeller.
– *O poder do perdão*, de Fred Luskin, lançado no Brasil pela Editora Francis.
– *Os quatro compromissos*, de Don Miguel Ruiz, publicado no Brasil pela Editora BestSeller.

– *Trabalhe quatro horas por semana: fuja da rotina, viva onde quiser e fique rico*, de Timothy Ferriss, lançado no Brasil pela Editora Planeta.
– *Getting Real* [Caindo na Real], de Susan Campbell.
– *A lição final*, de Randy Pausch and Jeffrey Zaslow, lançado no Brasil pela Editora Agir.
– Ame o seu corpo, de Louise Hay, publicado no Brasil pela Editora BestSeller.
– *Loving What Is* [Amar o que É], de Byron Katie.
– *Make Your Creative Dreams Real* [Realize seus Sonhos Criativos], de SARK.
– *Muitas vidas, muitos mestres*, de Brian Weiss, lançado no Brasil pela Editora Sextante.
– *Um novo mundo: o despertar de uma nova consciência*, de Eckhart Tolle, publicado no Brasil pela Editora Sextante.
– *Comunicação não-violenta: técnicas para aprimorar relacionamentos pessoais e profissionais*, de Marshall Rosenberg, lançado em português pela Editora Agora.
– *Descubra seus pontos fortes*, de Marcus Buckingham e Donald Clifton, lançado no Brasil pela Editora Sextante.
– *Teste a paixão: descubra o que voce realmente ama fazer*, de Janet Bray Attwood e Chris Attwood, lançado no Brasil pela Editora Sextante.
– *O poder do agora; um guia para a iluminação espiritual*, de Eckhart Tolle, publicado pela Editora Sextante.
– *Não se deixe manipular pelos outros*, de Wayne Dyer, lançado no Brasil pela Editora Record.
– *Radical Honesty* [Honestidade Radical], de Brad Blanton
– *Um retorno ao amor*, de Marianne Williamson, lançado no Brasil pela Editora Francis.

– *Pai rico, pai pobre*, de Robert Kiyosaki, publicado pela Editora Campus/Elsevier.

– *Sacred Commerce* [Comércio Sagrado], de Matthew e Terces Engelhart.

– *Sacred Journey* [Jornada Sagrada], de Lazaris.

– *O Segredo*, de Rhonda Byrne, lançado no Brasil pela Ediouro.

– *Os segredos da mente milionária: aprenda a enriquecer mudando seus conceitos sobre o dinheiro e adotando os hábitos das pessoas bem-sucedidas*, de T. Harv Eker, publicado no Brasil pela Editora Sextante.

– *As sete leis espirituais do sucesso*, de Deepak Chopra, lançado no Brasil pela Editora BestSeller.

– *Shut Up, Stop Whining, and Get a Life* [Cale a Boca, Pare de Choramingar e Vá à Luta!], de Larry Winget.

– *The Soul of Money* [A Alma do Dinheiro], de Lynne Twist.

– *Spiritual Liberation* [Liberação Espiritual], de Michel Bernard Beckwith.

– *Os princípios do sucesso*, de Jack Canfield, publicado no Brasil pela Editora Sextante.

– *Poder sem limites: o caminho do sucesso pessoal pela programação neurolinguística*, de Anthony Robbins, publicado no Brasil pela Editora BestSeller.

– *O caminho do guerreiro pacífico*, de Dan Millman, lançado no Brasil pela Editora Pensamento.

– *The Way of the Superior Man* [O Caminho do Homem Superior], de David Deida.

– *Como enfrentar suas tempestades: encontrando forças para prosseguir quando os riscos são altos*, de Richard Carlson, lançado no Brasil pela Editora Rocco.

– *When Prayers Aren't Answered* [Quando as Preces Não São Atendidas], de John Welshons.

–*Will You Still Love Me If I Don't Win?* [Você Vai Continuar Me Amando se Eu Não Me Der Bem?], de Christopher Andersonn.
–*Working with Your Shadow* [Trabalhando com Sua Sombra], de Lazaris.
–*Você pode curar sua vida*, de Louise Hay, lançado no Brasil pela Editora BestSeller.

Seminários

– The Abounding River www.cafegratitude.com/workshops
– The Arete Experience www.aretecenter.com
– Celebrating Men, Satisfying Women (apenas para mulheres) www.understandmen.com
– The Landmark Forum www.landmarkforum.com
– The LoveLaunch Weekend www.lifelaunchtraining.com
– The Millionaire Mind Intensive www.millionairemind.com
– The New Warrior Training Adventure (apenas para homens) www.mkp.org
– The Next Step www.challengeday.org
– The Shadow Process www.integrativecoaching.com
– Unleash the Power Within www.tonyrobbins.com

Outras fontes e recursos

"Appreciation in Action" (newsletter gratuita) www.mike-robbins.com

Agape International Spiritual Center (incrível centro espiritual do Novo Pensamento) www.agapelive.com

Be Yourself, Everyone Else Is Already Taken (áudio), por Mike Robbins www.mike-robbins.com

Café Gratitude (restaurante inspirador de pratos crus) www.cafegratitude.com

ChallengeDay (incrível organização de jovens pela paz) www.challengeday.org

Focus on the Good Stuff (áudio), por Mike Robbins www.mike-robbins.com

Hay House (eventos de desenvolvimento pessoal, produtos, programas de rádio e muito mais) www.hayhouse.com

Life Visioning (programa de áudio), por Michel Bernard Beckwith www.agapelive.com/bookstore

The Moses Code (vídeo) www.themosescode.com

Nonviolent Communications (trabalho incrível de resolução de conflitos) www.cnvc.org

The Peace Alliance (organização internacional pela paz) www.thepeacealliance.org

The Power or Appreciation (áudio), por Mike Robbins www.mike-robbins.com

The Secret (vídeo) www.thesecret.tv

SelfGrowth.com (site de desenvolvimento pessoal) www.selfgrowth.com

What the Bleep Do We Know!? (vídeo) www.whatthebleep.com

Winning Strategies (box com áudios e vídeos) www.mike-robbins.com

"The Work", por Byron Katie www.thework.com

You Can Heal Your Life (vídeo) www.hayhouse.com

Este livro foi composto na tipologia Joanna MT Std,
em corpo 12/15,8, impresso em papel off-white 80g/m²,
no Sistema Cameron da Divisão Gráfica
da Distribuidora Record.